荣 获

新闻出版总署优秀畅销书奖
全国优秀古籍图书普及读物奖
第十七届山西省优秀图书一等奖
第二届山西出版政府奖
山西出版集团2008年度十种好书

全套藏书累计销售500万册

诸子百家卷

《诗经》《尚书》《礼记》《楚辞》《论语·大学·中庸》《孟子》
《老子》《庄子》《荀子》《韩非子》《孙子兵法·尉缭子·鬼谷子》
《墨子》《周易》《山海经》《吕氏春秋》《三十六计》

名家选集卷

《三曹诗集》　《陶渊明集》　《王勃集》　《王维集》　《孟浩然集》
《高适集》　　《岑参集》　　《李白集》　《杜甫集》　《白居易集》
《刘禹锡集》　《元稹集》　　《李商隐集》《李贺集》　《杜牧集》
《韩愈集》　　《柳宗元集》　《李煜集》　《欧阳修集》《王安石集》
《苏轼集》　　《黄庭坚集》　《柳永集》　《秦观集》　《周邦彦集》
《李清照集》　《辛弃疾集》　《陆游集》　《范成大集》《杨万里集》
《姜夔集》　　《文天祥集》　《元好问集》《唐寅集》　《张岱集》
《三袁集》　　《李贽集》　　《傅山集》　《纳兰性德集》《袁枚集》
《郑板桥集》　《龚自珍集》

史著选集卷

《左传》《国语》《战国策》《史记》《汉书》《后汉书》《三国志》
《资治通鉴》

综合选集卷

《唐诗三百首》《宋词三百首》《元曲三百首》《千家诗》《古文观止》
《汉魏六朝小赋骈文选》《唐宋八大家文选》《明清小品文选》

笔记杂著卷

《蒙学六种——三字经·百家姓·千字文·增广贤文·幼学琼林·格言联璧》
《颜氏家训·朱子家训》　《世说新语》　《金刚经·坛经·心经·地藏经》
《曾国藩家书》《菜根谭·小窗幽记·幽梦影》《浮生六记》《闲情偶寄》
《近思录》《徐霞客游记》《古代书信精选》

戏曲小说卷

《元杂剧精选》《西厢记》《牡丹亭》《长生殿》《桃花扇》《今古奇观》
《三国演义》《水浒传》《西游记》《红楼梦》《聊斋志异》《儒林外史》
《封神演义》《话本小说选》《文言小说选》

中国家庭基本藏书 诸子百家卷

庄子

王岩峻 吉云 译注

山西出版集团
三晋出版社

博学工作室

高文典籍
傳家瑰寶
藏用同功
永垂華藻

張領

· 著名考古学家、古文字学家张领先生为《中国家庭基本藏书》题词

前言

诸子百家卷

庄子·前言

《庄子》乃道家经典之一。该书的中心内容是：谈"德"，论"道"，说"无为"。

道家认为，万事万物的存在，自有其内在的规定性，这种与生俱来的东西亦即本性，叫做"德"。万事万物的变化，自有其运作的规律性，这种只能意会而不可言传的东西，叫做"道"。这"道"，视而不可见，应该名曰"无"，可又无处不在，作用微妙，万物以"道"而生，"无"中生"有"。显然，"道"最伟大，"无"最高尚。"无"生"有"，则一生二，二生三，三生万物，万物复归于"无"，"道"是统帅。"道"又是主宰，顺之者昌，逆之者亡。既如此，一切有为纯属徒劳，惟"道"是依，则万事莫不成。此所谓"无为而无不为"。人，亦物也，所谓"天与人不相胜"，应明白"死生存亡之一体"之理，做到"齐万物"，"等死生"，离形去智，无己无欲，安时处顺，忘却是非、正误、荣辱，遨游于逍遥自由的自然大道之境。这才是得"养生之道"的"真人",是"至德"之人,是"得道"之人。

道家的宇宙观是辩证的,但也是片面的;人生观是深刻的,却又是消极的。"蔽于天而不知人",虚无主义和相对主义是其致命伤。

关于道家思想,可作如是观。此为我们读《庄子》之后的一点粗浅的认识。对于庄子学术,我们的研究刚刚起步。关于《庄子》原文,我们以浙江古籍出版社1999年版《诸子集成》中的郭庆藩辑《庄子集释》为底本,以王先谦《庄子集解》等为参校本,择善而从。限于丛书之体例篇幅等方面的要求,我们只选择性地译注了《庄子》三十三篇中的二十一篇(有的篇目选译时有删节,已在"题解"中予以说明)。译注过程中曾参考并得益于学术界专家的既有研究成果,在此诚致由衷的感谢。限于作者的水平,谬误之处肯定不少,敬请读者朋友批评指正。

译注者
2008年4月于河北大学图书馆

庄周及其后学的著作集(代序)

曹础基

庄周(约公元前369—前286),宋国蒙(今河南商丘东北)人,与梁惠王、齐宣王同时,曾任漆园吏。楚威王闻其贤,聘以为相,不就,穷困终生。生平行事,略见于《史记·老子韩非列传》。

《庄子》为道家经典之一。据《汉书·艺文志》著录,《庄子》52篇。今存33篇,分内7篇、外15篇、杂11篇,为郭象注本。内篇的思想、结构、文风都比较一致,一般认为是庄周自著。外、杂篇则兼有其后学之作,甚至羼入其他学派的个别篇章,思想观点与内篇多有出入。如在哲学上不仅仅有唯心主义的虚无之道,有时还赋予其某些物质性,带有唯物主义的色彩;在政治上时而主张绝对的无为,时而主张在上者无为而在下者有为;在处世态度上,时而宣扬混世,时而赞成避世;在人生观上,时而提倡寡欲,时而鼓吹纵欲;在对待其他学派的态度上,时而坚持混合齐同,时而针锋相对。这些分歧,反映了战国中叶至秦汉间社会变革形势下道家学派的发展与分化,也反映了各种学派的相互渗透。但从全书总体说,唯心主义的本体论、相对主义的循环论、认识上的不可知论、无为的政治主张、虚无的人生哲学,构成了庄子学派的基本倾向。同时,书中也有不少辩证的因素,尤其对社会黑暗面的揭露、批判,不遗馀力,十分深刻。

关于庄子思想的渊源,司马迁指出,"其要本归于老子之言","明老子之术"(《史记·老子韩非列传》)。书中对于儒墨等当时显学,多有诋訾,并表现了愤世嫉俗的精神。

《庄子》也是一部杰出的文学著作。作者要阐述的虽然是玄虚的天道,但由于其"以天下为沉浊,不可与庄语",所以"以卮言为曼衍,以重言为真,以寓言为广"(《天下》),特别是大量地运用了寓言,把抽象迷蒙的天道描绘得似乎可感可知。其他子书也运用寓言,但多从历史传说与民间故事中引用;《庄子》"寓言十九"则多是作者所虚构。其他子书的寓言多为短小故事,插入议论之中,以资譬喻或论证;而《庄子》中的部分寓言,则扩展成篇,将作者的议论,寓于故事人物口中。如《盗跖》《秋水》《说剑》等,都是"作人姓名,使相与语,是寄辞于其人"(刘向《别录》)。这些类似短篇小说的寓言,虚构了人物与故事情节,有动作,有对话,还有肖像、表情的描绘,与《墨子》《孟子》中基于实录的一些对话式语录大不相同。这是中国文学史上自觉地运用虚构手段塑造形象的开端。在塑造形象时,作者擅长于体物入微的描写。如大鹏的怒飞(《逍遥游》)、巨鱼的奋鬐(《外物》)、鸿蒙的自得(《在宥》)、山狙的见巧(《徐无鬼》),都栩栩如生;厉风作而万窍怒呺(《齐物论》),黄帝奏咸池之乐而声满天地(《天运》),都声情并茂;庖丁解牛(《养生主》)、伯乐治马(《马蹄》)、佝偻承蜩(《达生》)、庄子弹鹊(《山木》)、众史画图(《田子方》)、原宪居鲁(《让王》),更是形神俱现;至于藐姑射山上的神人(《逍遥游》)、隐机而坐的南郭子綦(《齐物论》)、能破季咸看相的壶子(《应帝王》)、临渊履危而射的伯昏无人(《田子方》)等,这些神乎其神的形象,也可以按照描写想见其情状。总之,太空、江海、飞禽、走兽、音乐、风云,以及人物的肖像、心理、言行的描画,无一不"指事类情"(《史记·老子韩非列传》),惟妙惟肖,大大地开拓了艺术的境界。

《庄子》还以想象丰富,结构灵活见长。"以谬悠之说,荒唐之言,无端崖之辞,时恣纵而不傥,不以觭见之也……其书虽瑰玮而连犿无伤也;其辞虽参差而諔诡可观"(《天下》)。这是作者写作特色的自白。凭空虚设,海阔天空,放纵自由,宏伟壮丽,诙谐怪异。大鹏展翅万里,北海虚怀若谷(《秋水》),盗跖声色俱厉(《盗跖》),庄周化为蝴蝶(《齐物论》),凡此种种,都说明作者并不按现实生活的本来面目去再现生活,而是用丰富的想象,离奇的夸张,以及大量的比喻与拟人手法去写意抒怀。在行文构思上,放得开,收得住,首尾不落套,转接无痕迹。文思跳跃,散而有结,开阖无端,令读者恍惚迷离。正如刘熙载所说:"文之神妙,莫过于能飞。庄子之言鹏曰'怒而飞',今观其文,无端而来,无端而去,殆得'飞'之机者。"(《艺概·文概》)

富于抒情意味,也是《庄子》散文的一大特色。当作者在描述道家的理想人物或发表议论时,必定带着满腔热情。如称"关尹、老聃乎,古之博大真人哉!"(《天下》)而对于昏君乱臣、虚伪君子、名利之徒,则表现得嫉恶如仇,常常给予辛辣的讽刺、无情的揭露。他敢说"窃钩者诛,窃国者为诸侯。诸侯之门而仁义存焉"。直叫"削曾、史之行,钳杨、墨之口","殚残天下之圣法"(《胠箧》)。把曹商求官视为舐痔(《列御寇》),将惠施专揽相位比作嗜食腐鼠(《秋水》)。或爱或憎,或褒或贬,嬉笑怒骂,鞭辟入里。《庄子》行文千变万化,总离不开作者的自我表现。栎树、游鱼、蝴蝶、渔父、野马、海鳖等等,都具有庄周的性格,体现了庄周某种精神状态。所以尽管是论理文章,读来却觉得韵味无穷。其中《马蹄》《胠箧》诸篇简直可作抒情杂文视之。此外,词汇丰富,句式灵活,构思精巧,多用韵语,善作连类比喻等,也是同时代作者所不及的。所以鲁迅认为:"其文则汪洋辟阖,仪态万方,晚周诸子之作,莫能先也。"(《汉文学史纲要》)

《庄子》在文学上的影响很大。自宋玉、贾谊、司马迁以来,历代大作家几乎无一不受到它的熏陶。在思想上,或取其愤世嫉俗、不与统治者为伍;或随其悲观消极,自解自嘲。对于《庄子》的艺术,或者赞叹,或者仿效,或者从中取材而化为己意。阮籍、陶渊明、李白、苏轼,在思想和艺术上都从《庄子》那里吸取了许多营养。

《庄子》中《列御寇》《山木》两篇,都明写庄周有弟子,但姓名不传。《管子》中《心术》《白心》等篇,《韩非子》中《主道》《扬权》等篇,尤其是《吕氏春秋》与《淮南子》的许多篇章,都可见到庄子学派痕迹。似乎楚、秦一带,其学曾颇为流传。秦代专行法治,汉代独尊儒术,所以对《庄子》一书不甚称道。自三国时何晏、阮籍、嵇康出,此书才盛行。陈寿《三国志·魏书·曹植传》说到何晏好老、庄之言,《王粲传》说到阮籍以庄周为模则,嵇康好老、庄之说,"于是崔譔、向秀、郭象、司马彪等接踵为之注,而风俗亦此移矣"(洪亮吉《晓初书斋初录》)。隋唐之际,尊庄周为"南华真人",奉《庄子》为"南华真经",注《庄》之风日盛。

成玄英承郭注作《南华真经注疏》，着重于文字训诂。以后宋代有褚伯秀《南华真经义海纂微》，明代有焦竑《庄子翼》，清代有郭庆藩《庄子集释》、王先谦《庄子集解》，都分别为各时期《庄子》注的代表作。

郭象《庄子注》为现存最早的注本，除部分篇章在敦煌唐抄本中有保存外，以《续古逸丛书》影宋本为善。中华书局出版的郭庆藩《庄子集释》，经王孝鱼校勘，以影宋本为底本，吸收了唐抄本的优点，是目前较为完善的本子。

曹础基，华南师范大学教授，著名古典文学专家。著有《庄子浅注》等专著多部。上文摘自《中国大百科全书·文学分卷》。

目录

诸子百家卷 庄子·目录

前　言 / 001

庄周及其后学的著作集(代序)（曹础基）/ 001

◎ 内　篇

逍遥游 / 001

齐物论 / 009

养生主 / 022

人间世 / 025

德充符 / 038

大宗师 / 048

应帝王 / 060

◎ 外　篇

骈　拇 / 067

胠　箧 / 072

在　宥 / 078

天　地 / 086

天　运 / 097

刻　意 / 107

缮　性 / 110

秋　水 / 113

达　生 / 123

001

◎ 杂　篇

庚桑楚 / 133

徐无鬼 / 136

外　物 / 146

寓　言 / 153

列御寇 / 158

◎ 附　录

庄周年表 / 166

《庄子》名言警句 / 171

《庄子》重要研究著述 / 174

◎内　篇

逍遥游

【题解】

《庄子》全书有内、外、杂篇，现存西晋郭象注本三十三篇，分内篇七、外篇十五、杂篇十一。从命题模式、思想体系、文章风格等方面看，内篇应为庄子所自撰，而外、杂篇中则有相当一部分乃其后学所为。内篇七篇，这里全部选入。

《逍遥游》是内篇中的第一篇。本篇题意为：无拘无束、自由自在地活动。作者主张"无待"与"无己"，以达到绝对自由、悠闲自得，亦即"逍遥"的境界。"无待"，即超越、摆脱人对物的依赖性关系。"无己"，即淡化、消除矛盾对立体中的自我，与万物浑然一体，从而实现优游无滞的精神自由。

【原文】

北冥有鱼①，其名为鲲。鲲之大，不知其几千里也。化而为鸟，其名为鹏。鹏之背，不知其几千里也。怒而飞②，其翼若垂天之云③。是鸟也，海运则将徙于南冥④。南冥者，天池也⑤。

《齐谐》者⑥，志怪者也，《谐》之言曰："鹏之徙于南冥也，水击三千里⑦，抟扶摇而上者九万里⑧。去以六月息者也⑨。"野马也，尘埃也，生物之以息相吹也⑩。天之苍苍，其正色邪⑪？其远而无所至极邪？其视下也，亦若是则已矣⑫。

①冥：通"溟"，大海。
②怒：形容振奋的样子。
③垂：通"陲"，边际。垂天，意即天边。
④海运：海动。俗有"六月海动"的说法。海动当有大风，大鹏正可乘风而飞。
⑤天池：天然大池。
⑥齐谐：一说"齐谐"是人名。一说为书名，乃记载诙谐怪异之事的书。
⑦击：飞溅，拍击。
⑧抟：一作"搏"，可释为"拊"，即"拍"。扶摇：旋风。
⑨息：止息。动词。
⑩息：气息。名词。

⑪其：抑，或许。"邪"同"耶"。
⑫则已矣：意即"而已矣"。

北海之中有一鱼，它的名字叫做"鲲"。鲲的巨大，不知道究竟有几千里。化而成为鸟，它的名字叫做"鹏"。鹏的背，不知道到底有几千里。展翅奋飞，那翅膀好比天边的云。这只鸟，海动风起时便迁往南海。南海，是天然的大池。

《齐谐》这部书，是记载诙谐诡怪之类故事的。《谐》中描述说："当大鹏迁飞南海的时候，水波相激，浪花飞溅高达三千里，大鹏展翼飞翔，乘旋风直上苍穹九万里。六月海动，大鹏乘风而去。"似野马般激奔之气，飘浮飞扬的游尘，无不因了生物气息的翕张吐纳。天色苍茫深蓝，那究竟是它的本色呢，还是缘于其高远而没有穷极呢？大鹏鸟俯看其下，也还是如此而已。

且夫水之积也不厚①，则其负大舟也无力②。覆杯水于坳堂之上③，则芥为之舟④。置杯焉则胶⑤，水浅而舟大也。风之积也不厚，则其负大翼也无力⑥。故九万里，则风斯在下矣⑦，而后乃今培风⑧；背负青天，而莫之夭阏者⑨，而后乃今将图南。

蜩与学鸠笑之曰⑩："我决起而飞⑪，枪榆枋，时则不至⑫，而控于地而已矣。⑬奚以之九万里而南为⑭？"适莽苍者⑮，三飡而反，腹犹果然；适百里者，宿舂粮；适千里者，三月聚粮。之二虫又何知⑯！

①且夫：句首虚词，表示要发表议论。
②负：承载。
③坳堂：堂上低洼之处。
④芥：小草。
⑤胶：胶浅，(船)搁浅。
⑥大翼：谓大鸟，这里代指大鹏。
⑦斯：乃，就。
⑧而后乃今：词序可调整为"今而后乃"，意思是"这时然后才"。培：凭。
⑨夭阏：阻挡。
⑩蜩(tiáo)：蝉。学鸠：一作"鸒鸠"，即斑鸠。
⑪决起而飞：奋力而飞。
⑫枪(qiāng)：突，碰。
⑬控：投。
⑭奚以之九万里而南为："奚以"，犹"何以"。"奚以……为"，意即"为什么要……呢？"之，往。

⑮莽苍:郊野景色。这里代指近郊。
⑯之:此。代词。

  水如果不够一定的深度,就承载不了大船。假如倒一杯水在堂上低洼之处,那么小草叶就可以当"船"了。然而放个杯子就搁了浅,原因是水浅而"船"大。风如果不够一定的强度,就浮托不起巨大的飞鸟。因而当大鹏高飞九万里云霄时,巨翅下的风便强劲有力,于是凭借风力,背负青天,没有任何阻碍,这才能够思谋迁飞南海。
  蝉和斑鸠嘲笑大鹏说:"我奋起而飞,碰到榆树和檀树而停息。有时候也许确实飞不上去,那就降落到地面算了。为什么要远走九万里而飞向南海呢?"去往郊野的,只带三顿粮,当天返回,肚子还饱饱的。去往百里外的,要准备一宿之粮。去往千里外的,要准备三个月的食物。这样的两个虫儿鸟儿又如何能够知道呢?

  小知不及大知,小年不及大年。奚以知其然也?朝菌不知晦朔①,蟪蛄不知春秋②,此小年也。楚之南有冥灵者,以五百岁为春,五百岁为秋;上古有大椿者,以八千岁为春,八千岁为秋,此大年也③。而彭祖乃今以久特闻④,众人匹之,不亦悲乎!

①晦朔:朔,指每月的第一天;晦,指每月的最后一天。
②蟪蛄:寒蝉。
③此大年也:此四字原缺,据别本补。
④彭祖:古代传说中的长寿人物。

  小知比不了大知,短命的比不了长寿的。凭什么知道是这样的呢?朝生暮死的生命,根本就不知道"月"之类的时间概念。只能活一个季节的寒蝉,根本就不明白春秋迭代成一岁时光。这就是"小年"。楚国南方有一只灵龟,以五百年为春季,以五百年为秋季;远古时代有一棵大椿树,以八千年为一春,以八千年为一秋,这就是"大年"。彭祖直到如今仍以长寿闻名于世,众人跟他相比,不也很可悲可叹吗?

  汤之问棘也是已①:穷发之北②,有冥海者,天池也。有鱼焉,其广数千里，未有知其修者，其名为鲲。有鸟焉，其名为鹏，背若太山，翼若垂天之云，抟扶摇羊角而上者九万里，绝云气，负青天，然后图南，且适南冥也。

斥鴳笑之曰③："彼且奚适也？我腾跃而上，不过数仞而下，翱翔蓬蒿之间，此亦飞之至也，而彼且奚适也？"此小大之辩也。

故夫知效一官④，行比一乡，德合一君而征一国者，其自视也亦若此矣。而宋荣子犹然笑之。且举世誉之而不加劝，举世非之而不加沮。定乎内外之分，辨乎荣辱之境。斯已矣。彼其于世，未数数然也⑤。虽然，犹有未树也。

①棘：即夏革，商汤时代的贤人。
②发：这里指草木。
③斥：小泽，池塘。
④知：同"智"。
⑤数数然：意犹"汲汲然"。

商汤问夏革时说过这样的话：不毛之地的北方，有一片无边大海，那就是天池。天池之中有一条鱼，它的背有几千里宽，没有人知道它的长度，它的名字叫"鲲"。有只鸟，它的名字叫"鹏"，背像泰山，翅膀好比天边的云，乘着旋风高飞九万里云霄，超迈云气，背负青天，然后飞往南方，飞到南海。

住在小池塘旁边的麻雀笑话它说："它想去哪儿呢？我腾起而上飞，不过几丈高就降落下来，在野草丛中飞来飞去，这便是我飞翔所达到的最高境界。可是那大鹏到底要到哪里去呢？"这就是小与大的区别。

某些人才智胜任一官之职，言行顺应一乡之俗，德性投合一君之心，并且得到一国之信任，他们自鸣得意，也就像小池塘附近的麻雀一般。而宋荣子常常笑话他们。宋荣子可谓不同凡俗：整个世界都赞扬他，他也不激动；整个世界都非议他，他也不沮丧。他能认清自我与外物的界限，辨别光荣与耻辱的分际。这也就足够了。他对于世俗中的功利，并没有汲汲然去追求。尽管如此，他仍然有未能树立的。

夫列子御风而行①，泠然善也②，旬有五日而后反。彼于致福者③，未数数然也。此虽免乎行，犹有所待者也。

若夫乘天地之正④,而御六气之辩⑤,以游无穷者⑥,彼且恶乎待哉!故曰:至人无己,神人无功,圣人无名。

①列子:即列御寇,春秋时期郑国的思想家。
②泠然:飘然,形容轻妙的样子。
③致:追求。
④天地之正:指万物之性、自然之道,亦即天地法则、自然规律。
⑤六气:指阴、阳、风、雨、晦、明。辩:变。
⑥无穷:这里指无限的时空、自由的境界。

列子乘风而行,飘然轻妙,十五日而后回返。他对于求福之类,并没有用心在意。这样尽管免于步行,但还是有所依待。

如果遵循自然的规律,把握六气的变化,遨游于无限自由的境界,那他还有什么需要依待的呢?所以说:至人无己,忘我无执;神人无功,顺天无为;圣人无名,忘却功利。

尧让天下于许由,曰:"日月出矣,而爝火不息①,其于光也,不亦难乎!时雨降矣,而犹浸灌,其于泽也,不亦劳乎!夫子立而天下治②,而我犹尸之③,吾自视缺然。请致天下④。"许由曰:"子治天下,天下既已治也。而我犹代子,吾将为名乎?名者,实之宾也。吾将为宾乎?鹪鹩巢于深林⑤,不过一枝;偃鼠饮河,不过满腹。归休乎,君!予无所用天下为!庖人虽不治庖,尸祝不越樽俎而代之矣⑥。"

①爝(jué)火:火炬,小火。
②夫子:古代对男子的尊称,这里指许由。
③尸:主,主持。
④致:送。
⑤鹪鹩:一种小鸟,腹灰褐色,背赤褐色,尾短。亦称"巧妇""桃虫"。
⑥尸祝:主持祭祀的人。

帝尧想把天下禅让给许由,说:"太阳、月亮出来了,而烛火还不熄掉,要跟日月争光,不也太难了吗？及时雨已经降下,却还在挑水灌溉,对于润泽禾苗,不也徒劳了吗？先生您登君王之位,天下就可以大治,而我仍在其位,无所作为,我自感惭愧。请允许我把天下让给您!"许由说道:"您治理天下,天下都已经安泰了。而我还要来取代你,我想要图名吗？'名'呢,不过是'实'之'宾'罢了。我难道要当这个'宾'吗？鹪鹩于深林里筑巢,所需不过一枝；偃鼠在河边饮水,所需不过满腹。您请回吧！我要天下干什么！厨师即使不下厨,主持祭祀的人也不会越俎代庖！"

原文

肩吾问于连叔曰:"吾闻言于接舆①。大而无当,往而不返。吾惊怖其言,犹河汉而无极也,大有径庭②,不近人情焉。"连叔曰:"其言谓何哉？"曰:"藐姑射之山,有神人居焉。肌肤若冰雪,绰约若处子;不食五谷,吸风饮露；乘云气,御飞龙,而游乎四海之外；其神凝,使物不疵疠而年谷熟③。吾以是狂而不信也④。"连叔曰:"然,瞽者无以与乎文章之观,聋者无以与乎钟鼓之声。岂唯形骸有聋盲哉？夫知亦有之。是其言也⑤,犹时女也⑥。之人也,之德也,将磅礴万物以为一,世蕲乎乱,孰弊弊焉以天下为事！之人也,物莫之伤,大浸稽天而不溺⑦,大旱金石流、土山焦而不热。是其尘垢秕糠,将犹陶铸尧舜者也,孰肯以物为事！"

注释

①接舆:一位隐士,与孔子同时,楚国人。
②大有径庭:意思是说两者相隔太远,毫不相关。径,门外路。庭,堂前地。
③疵疠:疾疫,灾害。
④狂:同"诳"。
⑤是:此。代词。
⑥时女:就是你。时,是。女,同"汝"。
⑦稽:至,及。

译文

肩吾对连叔说道:"我听接舆讲话,大而无当,话一说开了无法收拢。我惊骇于他的谈论,那好像天上的星河,无边无际,高深莫测,非世俗所常有。"连叔问:"他都说了些什么？"肩吾答:"他说:'那藐姑射山上,有一位神人住着,肌肤好像冰雪,姿态好像处女；不食五谷,吸清风,饮露水,乘云气,驭飞龙,神游四海之外。他的精神凝聚,使万物不遭受灾疫而五谷丰登。'我认为这是一派胡言,并不相信。"连叔说:"当然,眼瞎之人,无法和他共赏文采之美；耳聋之人,无法和他同听钟鼓之声。难道只是形体生理方而有聋有瞎吗？心智方面同样有类似现象啊！这话实际上就是指你而言。那样的神人,那样的德量,泽润万物,融而为一;俗人乐于纷扰,他如何愿意劳碌疲惫去管世俗间事呢?这样的人,没有什么外物可以伤害他,滔天洪水淹不死,大旱岁月即使金石熔化,土山焦枯,他也不觉得热。他的尘垢秕糠,也还能陶铸塑造出尧、舜来,他哪里肯以俗物为务呢?"

宋人资章甫而适诸越①,越人断发文身,无所用之。尧治天下之民,平海内之政。往见四子藐姑射之山,汾水之阳②,窅然丧其天下焉③。

①章甫:殷商时人所戴的帽子。
②汾水:黄河支流之一,发源于管涔山,至河津注入黄河。汾水之阳,指尧都,即今临汾。
③窅:通"杳"。

宋人来到越国做帽子生意,可是,越人喜欢剪短头发,刺纹于身,用不着帽子。尧治理天下百姓,理顺海内政务,前往藐姑射山,汾水之北,拜访四位得道之人,茫茫然忘了自己身居君主之位。

惠子谓庄子曰:"魏王贻我大瓠之种,我树之成而实五石。以盛水浆,其坚不能自举也。剖之以为瓢,则瓠落无所容。非不呺然大也①,吾为其无用而掊之。"庄子曰:"夫子固拙于用大矣。宋人有善为不龟手之药者,世世以洴澼絖为事②。客闻之,请买其方百金。聚族而谋曰:'我世世为洴澼絖,不过数金。今一朝而鬻技百金,请与之。'客得之,以说吴王。越有难③,吴王使之将。冬,与越人水战,大败越人,裂地而封之。能不龟手一也,或以封,或不免于洴澼絖,则所用之异也。今子有五石之瓠,何不虑以为大樽而浮乎江湖④,而忧其瓠落无所容?则夫子犹有蓬之心也夫⑤!"

①呺(xiāo)然:形容虚而大的样子。
②洴(píng)澼(pì)絖(kuàng):漂洗丝絮。洴澼,漂洗。絖,丝绵。
③难:生乱之事,这里指军事行动。
④樽:古人有"樽如酒器,缚之于身,浮于江湖,可以自渡"的说法,所以称"樽"为"腰舟"。

⑤蓬之心：茅塞未开之心,被蓬草蔽塞之心。

【译文】

惠子对庄子说道:"魏王给我送来大葫芦的种子,我播下之后,结出了能够容纳五石之量的葫芦。用它来盛水吧,它的结实程度都不足以承受所盛水的重量。剖开它做成瓢吧,则瓢大而无处可容。并非不够大,我认为它没有什么用处,于是打碎了它。"庄子说:"你实在是不擅长于利用大的东西啊!宋国有个人,长于制作防冻之药而能使手不皲不裂,他家世世代代以漂洗丝絮为业。有个外来人听说了防冻药之事,愿意出价百金求购他的药方。他召集族人商议道:'我家祖祖辈辈干漂洗丝絮之行当,收入有限。现在一旦转让这个技术就可以获利百金,我希望卖这个药方。'外来人买得了防冻药方,凭此游说吴王。这时,越国侵略吴国,吴王就派此人挂帅,数九寒冬和越军水战,大败越军,于是吴王割地封赏了他。同样是这么一个能够使手免于冻裂的药方,有人因此受封,有人却不免于干漂洗丝絮的苦力活,那就是利用的方法上存在差异。现在你有容量大到五石的葫芦,为什么不用来做腰舟以浮游于江湖,却反而发愁它大得无处可容呢?实在可见您还是有心理障碍,茅塞未开啊!"

【原文】

惠子谓庄子曰:"吾有大树,人谓之樗①。其大本拥肿而不中绳墨②,其小枝卷曲而不中规矩。立之涂③,匠者不顾。今子之言,大而无用,众所同去也。"庄子曰:"子独不见狸狌乎④?卑身而伏,以候敖者⑤;东西跳梁⑥,不辟高下⑦;中于机辟⑧,死于网罟。今夫斄牛⑨,其大若垂天之云。此能为大矣,而不能执鼠。今子有大树,患其无用,何不树之于无何有之乡,广莫之野⑩,彷徨乎无为其侧,逍遥乎寝卧其下。不夭斤斧,物无害者,无所可用,安所困苦哉!"

【注释】

①樗:即臭椿树,木质粗劣。
②拥:通"臃"。
③涂:通"途"。
④狸狌:狸,指野猫。狌,指黄鼠狼。
⑤敖:通"遨",遨游。
⑥梁:通"跳",跳跃。
⑦辟:通"避"。
⑧机辟:捕猎的工具。
⑨斄(lí)牛:即牦牛,产于我国西南部。

⑩莫：通"漠"。

译文

惠子对庄子说道："我有棵大树，人们都叫它做'樗'。树干上木瘤太多而不合于绳墨，树枝弯弯曲曲而不合于规矩。它长在路边，匠人不屑一顾。现在你的言论，大而无当，大家一致唾弃。"庄子说："你就没有看见野猫和黄鼠狼吗？它们卑伏着身子，伺机捕捉出游的小动物。蹦蹦跳跳，不避高低，往往误中机关，死于罗网之中。还有那犛牛，身躯庞大就像天边的云。它的功能可大了，却不能捕捉老鼠。现在你有大树，担心它无用。为什么不种它于虚寂之乡、广漠之野，无所期待地转悠于树旁，逍遥自在地躺卧于树下呢？不遭受斧锯的砍伐，也没有什么东西来侵害它，无所可用，那又有什么烦恼呢！"

齐物论

题解

《齐物论》是内篇中的第二篇。本篇题意包括两个方面的内容，用等式表示，即"齐物论"="齐物"+"齐论"。"齐"，是动词，意思是齐同，齐一。"物"与"论"皆为名词。"物"，指宇宙万物。"论"，指思想言论。前者指客观世界，反映庄子的宇宙观；后者指主观世界，反映庄子的认识论。作者认为，无论是世间的万事万物，还是人们的思想观念，表面上存在着差异性，但事物的彼与此，认识的是与非，种种对立与争议总是相对的，而转化是无条件的，统一是绝对的，因此，所谓彼与此，荣与辱、是与非、正与误等等，都是不存在的。万物一体，一切皆为"道"的"物化"。《齐物论》是庄子相对主义哲学思想的集中表述和体现。本篇选译时有删节。

原文

南郭子綦隐机而坐①，仰天而嘘，苔焉似丧其耦。颜成子游立侍乎前②，曰："何居乎？形固可使如槁木，而心固可使如死灰乎？今之隐机者，非昔之隐机者也。"子綦曰："偃，不亦善乎，而问之也③！今者吾丧我④，汝知之乎？女闻人籁而未闻地籁，女闻地籁而未闻天籁夫！"

子游曰："敢问其方。"子綦曰："夫大块噫气，其名为风，是唯无作，作则万窍怒呺⑤。而独不闻之翏翏乎⑥？山林之畏佳⑦，大木百围之窍穴，似鼻，似口，似耳，似枅⑧，似圈，似臼，似洼者，似污者⑨；激者、謞者、叱者、吸者、叫者、譹者、宎者、咬者。前者唱于而随者唱喁，泠风则小和，飘风则大和，厉风济则众窍为虚。而独不见之调调之刁刁乎⑩？"

子游曰:"地籁则众窍是已,人籁则比竹是已⑪,敢问天籁。"子綦曰:"夫天籁者⑫,吹万不同,而使其自己也⑬,咸其自取,怒者其谁邪?"

①南郭子綦:名子綦,居于南郭,楚昭王之庶弟,楚庄王之司马。隐机:"隐",凭靠。"机",一作"几",案。
②颜成子游:复姓颜成,名偃,字子游。
③而:汝。
④吾丧我:"吾",指得道的我。"我",指偏执的我,即"苔焉似丧其耦"中的"耦"。
⑤呺:通"号"。
⑥而:你。翏翏(liáo):指悠长的风声。
⑦山林:当为"山陵"。畏佳(cuī):通"嵬崔",高而不平。
⑧枅(jī):柱上方木。
⑨污:浅坑,小池。
⑩而:你。调调:树枝大动。刁刁:树叶微动。皆形容摇动之状。
⑪比:并。
⑫天籁者:此三字原缺,据《世说新语·文学》注引补。
⑬已:止。

南郭子綦倚靠几案而坐,仰天而嘘气,豁然进入了忘我的境界。颜成子游侍立于跟前,问道:"怎么一回事?形骸固然可以使它像枯木,可心灵真的能使它像死灰吗?今天凭几而坐的你,与往常凭几而坐的你不一样。"子綦回答说:"偃,你问得太好了!今天我忘了偏执的我,你知道吗?你听说过'人籁'却没有听说过'地籁';你听说过'地籁'却没有听说过'天籁'吧!"

颜成子游说:"请问具体的情形。"南郭子綦说:"大地发出的气息,叫做风。这风不起则已,一起则万种孔窍怒号。你难道没有听过长风呼啸的声音吗?山陵中高下不平处,百围大树上的孔穴,像鼻子,像嘴巴,像耳朵,像梁上的方孔,像杯圈,像春臼,像深池,像浅坑。洞穴孔窍中发出的声音,像湍流冲激之声,像箭矢离弦之声,像呵斥声,像呼吸,像呼叫,像号哭,像发自深谷的声音,像出自哀叹者的声音。前头的风声呜呜地唱,后头的风声呼呼地和。小风则相和之声小,大风则相和之声大。烈风一止息,万窍便寂然无声。你不见那草木仍在摇曳婆娑吗?"

颜成子游说:"地籁是众窍发出的声音,人籁是箫管吹出的声音。请问什么是天籁?"南郭子綦说:"所谓天籁,乃是风吹众窍发出的各种不同的声音,之所以这些声响千差万别,都是由于众窍形态各异所致,使得它们发声的还有谁呢?"

原文

大知闲闲，小知间间。大言炎炎，小言詹詹。其寐也魂交，其觉也形开。与接为构，日以心斗。缦者、窖者、密者。小恐惴惴，大恐缦缦。其发若机栝②，其司是非之谓也③；其留如诅盟，其守胜之谓也；其杀若秋冬，以言其日消也；其溺之所为之，不可使复之也；其厌也如缄④，以言其老洫也；近死之心，莫使复阳也。喜怒哀乐，虑叹变慹⑤，姚佚启态⑥。乐出虚，蒸成菌。日夜相代乎前，而莫知其所萌。已乎，已乎！旦暮得此，其所由以生乎！

注释

①缦：通"慢"，迟缓。
②机栝：这里指代射箭。机，弩上的机关。栝，箭末扣弦处。
③司：通"伺"。
④厌：闭塞深藏。
⑤慹：通"蛰"，蛰伏。
⑥姚佚启态：姚，轻浮躁动。佚，奢华纵放。启，放荡不羁。态，装模作样。

译文

聪明的人自以为是，弱智的人斤斤计较。雄辩的人盛气凌人，口讷的啰啰嗦嗦。他们睡梦中精神错乱，醒来时形体不安。心灵与外物，纠缠矛盾，整天钩心斗角。有的吞吞吐吐，有的口蜜腹剑，有的滴水不漏。小恐惧忧心忡忡，大恐惧惊魂不定。有的人说话好比箭在弦上，专门窥伺他人是非，作为打击的对象。有的人守口如瓶，好像诅过咒、发过誓，此所谓静待时机，以守取胜。其衰败犹如秋冬萧瑟，这便是说他们日趋消亡；其沉溺于所作所为之中，无法使其恢复生机。其心灵闭锁好比密封了似的，这是说他们老奸巨猾，厚貌深衷。走向死亡的心灵，已经无法使其恢复活力。他们时而喜悦，时而发怒，时而哀伤，时而快乐，时而忧愁，时而叹息，时而反复，时而恐慌，时而轻浮，时而放纵，时而癫狂，时而扭捏。音乐发出于虚空之管，菌类因地气蒸发而成。种种现象日夜迭代不已，扰烦心灵，但就是不知道究竟是因为什么而发生。罢了！罢了！早晚悟出其中奥秘，也就明白了它们是怎么发生的了吧！

原文

非彼无我，非我无所取。是亦近矣，而不知其所为使。若有真宰①，而特不得其眹②。可行己信，而不见其形，有情而无形③。百骸、九窍、六藏,赅而存焉,吾谁与为亲?汝皆说之乎④?其有私焉?如是皆有为臣妾乎?其臣妾不足以相治乎?其递相为君臣乎?其有真君存焉!如求得其情与不得,无益损乎其真。一受其成形,不化以待尽⑤。与物相刃相靡⑥,其行尽如驰⑦,而莫之能止,不亦悲乎!终身役役,而不见其成功,苶然疲役而不知其所归⑧,可不哀邪!人谓之不死,奚益!其形化⑨。其心与之然,可不谓大哀乎?人之生也,固若是芒乎⑩?其我独芒,而人亦有不芒者乎?

①真宰:即"真君",指真心,真我,身的主宰。
②朕:通"朕",迹象,端倪。
③情:真实。
④说:通"悦"。
⑤化:原作"忘",据《田子方》篇改。
⑥靡:通"摩"。
⑦尽:可解释为"进"之义。古代文献中多有"尽"与"进"通用之例。
⑧苶(nié)然:形容困顿、疲病的样子。
⑨形化:谓形体变化,指人逐渐衰老以至死亡。
⑩芒:愚昧,迷茫。

没有它,那么也就没有我,没有我,那么它也无从呈现。我与它是近似的,然而不知道是由什么指使而然的。好像有个"真宰",可是又无从窥见其形迹。可以从作用上获得征验。虽然见不到它的形体,但它却是真实存在而没有形体的。百骸、九窍、六脏,完备地存在于我的身上。我与哪一个最为亲近呢?你都一样地喜欢它们吗?是不是有所偏爱呢?倘若一视同仁了,那么是把它们都看做臣妾吗?既然都是臣妾,就谁也不能够主宰谁吗?是不是他们轮流做君做臣呢?是不是有"真君"存在于其中呢?无论求得了"真君"的真实与否,对它本身都不能有所增减。人一旦禀受天地之气而孕育成形体,不参与变化而等待形体耗灭。跟外物接触就摩擦冲突,追逐驰骋,不能自已,岂不可悲!一辈子忙碌却不见他的成就,困苦不堪却不知道到底为着什么,岂不悲哀吗?说这样的人不死吧,可这样活着又有什么意义呢?他的形体在逐渐衰老耗竭,他的灵魂也亦步亦趋,难道不是太悲哀了吗?人生在世,本就该如此迷茫愚昧吗?是不是只我一人愚昧不悟而别的人也有并不昏昧的呢?

劳神明为一，而不知其同也，谓之"朝三"。何谓"朝三"？狙公赋芋①，曰："朝三而暮四。"众狙皆怒。曰："然则朝四而暮三。"众狙皆悦。名实未亏而喜怒为用②，亦因是也。是以圣人和之以是非，而休乎天钧③，是之谓两行④。

①狙(jū)公赋芋(xù)：狙公，养猕猴的老翁。赋，分发。芋，橡子。
②名实：名，橡子的数目。实，实际分发的橡子。
③天钧：自然均衡、调和的意思。
④两行：任由是与非各自发展。

有人费尽心智以谋求"一致"，却不知道它们本来就是相同的，这就是所谓"朝三"。何谓"朝三"呢？有个养猴老人给猕猴分发橡子。他说："早晨给三升，晚上给四升。"众猕猴都愤怒。养猴老人改口说："那就早晨给四升，晚上给三升。"众猕猴都高兴。名和实都没有减少，但猕猴们的喜怒却因变换言辞而前后不同，也不过是顺着猕猴心理习惯罢了。所以圣人在是与非之间调和，随顺自然，保持均衡，这就叫做"两行"。

古之人，其知有所至矣。恶乎至？有以为未始有物者，至矣，尽矣，不可以加矣！其次以为有物矣，而未始有封也。其次以为有封焉，而未始有是非也。是非之彰也，道之所以亏也。道之所以亏，爱之所以成。果且有成与亏乎哉？果且无成与亏乎哉？有成与亏，故昭氏之鼓琴也①；无成与亏，故昭氏之不鼓琴也。昭文之鼓琴也，师旷之枝策也②，惠子之据梧也，三子之知几乎，皆其盛者也，故载之末年③。唯其好之也，以异于彼；其好之也，欲以明之。彼非所明而明之，故以坚白之昧终④。而其子又以文之纶终，终身无成。若是而可谓成乎？虽我无成，亦可谓成矣⑤；若是而不可谓成乎？物与我无成也。是故滑疑之耀⑥，圣人之所图也⑦。为是不用而寓诸庸，此之谓以明。

①昭氏：姓昭名文，擅长鼓琴。

②师旷：晋平公时的乐师，字子野。
③末年：晚年。
④坚白：即"坚白论"。"坚白论"是战国时代名辩的论题之一。公孙龙主张"离坚白"，认为视觉只能看到石头的白色而看不到石头的坚硬，触觉只能摸到石头的坚硬而摸不到石头的白色。所以"坚"和"白"是分离的。墨子主张"盈坚白"，认为"坚"与"白"同是石头的属性而不可分。
⑤虽我无成，亦可谓成矣：原作"虽我亦成也"，此据别本补正。
⑥滑：乱。
⑦图：革除。

【译文】

古时候的人，他们的智商有个终极。终极在哪里呢？有的认为，万物未曾形成时，就是智商的终极，到尽头了，不能够再增加了。次一等的人，认为事物是存在的，但并不曾有界限。再次一等的人，认为事物有分界，但并不曾有是非。是与非分明了，就是"道"被败坏的原因；由于"道"的败坏，爱与憎也就会形成。果真有成功与失败吗？果真没有成功与失败吗？有成功与失败，好比昭氏弹琴；没有成功与失败，好比昭氏不弹琴。昭文弹琴，师旷持杖击节，惠子倚梧桐树而论辩，他们三位的技艺差不多，都是登峰造极的，所以享誉毕生。正由于他们各有所好，以炫异扬己于别人；又以其所好，而要使别人领会。别人都不能领会而一定要人领会，所以惠子终身昧于"坚白"这样的糊涂理论而不自觉。昭文的儿子又继承父业，耗费毕生精力，但终身无所成就。像这样能说是成功吗？果真这样，我们即使无所成就也可以说是成功了。像这样不可以说是有成就吗？果真这样，他人与我谁都算不上有成就了。因而，迷乱世人的夸耀，正是圣人所要革除抛弃的。所以，圣人用不着夸耀于人而只是观照事物各自的功用，这就叫做"以明"。

【原文】

今且有言于此，不知其与是类乎？其与是不类乎？类与不类，相与为类，则与彼无以异矣。虽然，请尝言之：有始也者，有未始有始也者，有未始有夫未始有始也者；有有也者，有无也者，有未始有无也者，有未始有夫未始有无也者。俄而有无矣，而未知有无之果孰有孰无也。今我则已有谓矣，而未知吾所谓之其果有谓乎？其果无谓乎？

天下莫大于秋毫之末①，而太山为小②；莫寿于殇子，而彭祖为夭。天地与我并生，而万物与我为一。既已为一矣，且得有言乎？既已谓之一矣，且得无言乎？一与言为二，二与一为三。自此以往，巧历不能得③，而况其凡乎！故自无适有，以至于三④，而况自有适有乎！无适焉⑤，因是已！

①秋毫:动物秋天所换的新毛。
②太山:即"泰山"。
③巧历:长于计算的人。
④以:而。
⑤无:通"毋"。

现在假设有一番言论摆在大家面前,不知道这番话与已知的言论属同类呢,还是不同类呢?同也罢,不同也罢,既然发表了言论就都是同为一类的,那么和别的言论就没有什么区别了。虽然这样,还请容我进一步谈些看法。宇宙有一个"开始",有一个未曾开始的"开始",有那"未曾开始"尚未开始的"开始"。宇宙起初有它的"有",有它的"无",又有未曾有"无"的"无",还有那"未曾有'无'"尚未曾有的"无"。忽而冒出了"有""无",可是不知道这"有"和"无"究竟是谁有谁无。现在我已经说了这番话了,但不知道我所说的真的是说了呢,还是没有说呢?

天下没有比秋毫之末还要大的东西,所以泰山算是小的了;没有比夭折的婴儿还要长寿的,所以彭祖算是短命的了。天地万物与我同生于"无",都合为一体。既然合为一体了,那还有什么可说的呢?既然已经说"合为一体"了,那还能说没有要说的吗?万物一体加上所说之言便成了"二","二"加上"一"就成了"三"。照这样算下去,最好的计算家都不能算出发展下去的数目,何况那普通人呢?从无到有,已经生发了三种名物了,又何况从有到有呢?别推算下去了,就这样因任自然罢了。

夫道未始有封,言未始有常,为是而有畛也。请言其畛:有左有右,有伦有义,有分有辩,有竞有争,此之谓八德。六合之外①,圣人存而不论②;六合之内,圣人论而不议;春秋经世先王之志,圣人议而不辩。故分也者,有不分也;辩也者,有不辩也。曰:"何也?""圣人怀之,众人辩之以相示也。故曰:辩也者,有不见也。"夫大道不称③,大辩不言,大仁不仁,大廉不嗛④,大勇不忮⑤。道昭而不道,言辩而不及,仁常而不周⑥,廉清而不信,勇忮而不成。五者圆而几向方矣!故知止其所不知,至矣。孰知不言之辩,不道之道?若有能知,此之谓天府⑦。注焉而不满,酌焉而不竭,而不知其所由来,此之谓葆光⑧。

①六合：指天、地、东、南、西、北。
②圣人：这里指道家的圣人，并非指孔子。
③称：称道，说明。
④嗛：通"谦"。
⑤不忮(zhì)：不会有害人之心。忮，害，嫉恨。
⑥仁常而不周："周"，原作"成"，据别本校改。
⑦天府：比喻圣人的心胸宽广，包罗一切。
⑧葆光：隐藏着的光明。葆，藏。

【译文】

"道"本没有分界，言论本没有定说，为着一个"是"画出了许多界线。比如说吧：有左与右，有伦序和等差，有区分与辩论，有竞进与争执，这是界线的八种特征。天地以外的事，圣人是保留起来不进行讨论；天地以内的事，圣人只论说而不加评议。《春秋》乃先王治世的记录，圣人只评议而不加争辩。因此，有了区分，就有不区分；有了争辩，就有不争辩。若问："这是什么意思呢？"回答道："圣人虚怀万物，众人则争辩是非，争相显示。所以说：凡争辩的人，都会因为片面而不见大道，一定有他所看不到的方面。"真正的"道"是无从命名指称的，真有雄辩高见之人并不言说，彻底的"仁"表面看像不仁，真正的"廉"并不谦让，真正的"勇"从不伤害他人。"道"一旦被显化了就已经不是"道"了；"言"只要争辩开了就会有所不及；"仁"有所固定就不能遍及万物；"廉"如果过分突出就不够真实；"勇"若加害于他人就不成其为勇。这五个方面圆满了，就差不多接近于"道"了。一个人能够止于其所不可知的境界，这便是最高的境界了。有谁能够知道那不用言语的雄辩和不用称说的大道呢？如有能知道者，那他就称得上"天府"，心胸宽广，包罗一切。不断注入却永远不外溢，不断取出却永远不枯竭，然而竟不知其源流何在，这便叫做潜藏的光辉。

【原文】

故昔者尧问于舜曰："我欲伐宗、脍、胥敖①，南面而不释然。其故何也？"舜曰："夫三子者②，犹存乎蓬艾之间。若不释然③，何哉！昔者十日并出，万物皆照，而况德之进乎日者乎④！"

①宗、脍、胥敖：古时候的三个小国。
②三子：三个小国的国君。这里乃以君代国。
③若：你。
④进乎：超出于。

从前，尧问舜道："我要讨伐宗、脍、胥敖三国，每日临朝总放心不下，其中的原因是什么呢？"舜回答说："那三个小国，就像寄身于杂草丛之中。您放心不下，何苦呢？从前，十个太阳并出当空，万物普照，何况道德比太阳还要光辉呢！"

原文

啮缺问乎王倪曰①："子知物之所同是乎？"曰："吾恶乎知之！""子知子之所不知邪？"曰："吾恶乎知之！""然则物无知邪②？"曰："吾恶乎知之！虽然，尝试言之：庸讵知吾所谓知之非不知邪③？庸讵知吾所谓不知之非知邪？且吾尝试问乎女：民湿寝则腰疾偏死，鰌然乎哉？木处则惴栗恂惧，猿猴然乎哉？三者孰知正处？民食刍豢，麋鹿食荐，蝍蛆甘带④，鸱鸦耆鼠，四者孰知正味？猿猵狙以为雌⑤，麋与鹿交，鰌与鱼游。毛嫱丽姬⑥，人之所美也；鱼见之深入，鸟见之高飞，麋鹿见之决骤，四者孰知天下之正色哉？自我观之，仁义之端，是非之涂，樊然淆乱⑦，吾恶能知其辩！"啮缺曰："子不知利害，则至人固不知利害乎？"王倪曰："至人神矣！大泽焚而不能热，河汉冱而不能寒⑧，疾雷破山而不能伤，飘风振海而不能惊⑨。若然者，乘云气，骑日月，而游乎四海之外，死生无变于己，而况利害之端乎！"

①啮(niè)缺、王倪：传说是帝尧时候的贤人。据《庄子·天地》，尧的老师叫许由，许由的老师叫啮缺，啮缺的老师叫王倪。
②无知：无从认识。
③庸讵(jù)：何以。庸，用。讵，何。
④蝍蛆(jū)甘带：蝍蛆，蜈蚣。甘，可口。带，蛇。
⑤猵狙(biān jū)：猕猴的一种。
⑥毛嫱：古代美女。丽姬：晋献公夫人。
⑦樊然：形容杂乱的样子。
⑧冱(hù)：冻结。
⑨疾雷破山而不能伤，飘风振海而不能惊：原缺"而不能伤，飘"五字，据别本校补。

啮缺问于王倪说："你知道万物的共同标准吗？"王倪回答说："我怎么知道！"啮缺问："你知道你所不知道的东西吗？"王倪答："我怎么知道！"啮缺问：

"那么万事万物就无法认识了吗?"王倪说:"我怎么知道!尽管如此,我还是谈谈自己的观点。凭什么知道我所说的'知'不是'不知'呢?凭什么知道我所说的'不知'并不是'知'呢?我且问问你:人在潮湿的地方睡卧就会犯腰痛病或半身不遂,泥鳅会这样吗?人在高树上居处就会发抖害怕,猿猴会这样吗?这三者安居有别,谁才算认识真正安逸的处所呢?人类吃肉,麋鹿食草,蜈蚣喜食蛇脑,猫头鹰和乌鸦爱吃老鼠,这四者究竟谁的口味才是真正可口的口味?猵狙与猿相配为雌雄,麋和鹿交配,泥鳅和鱼结交。毛嫱、丽姬,是人们公认的美女,但是鱼儿见了就沉入水下,鸟儿见了就高飞云中,麋鹿见了就快速逃开,这四者到底谁理解天下真正的美色标准?照我看来,仁义之端绪,是非之路途,纷然杂乱,我如何能弄清楚它们的区别?!"齧缺问:"你不懂得利害之区别,那么至人竟然也不懂得利害之区别吗?"王倪说:"至人太神妙了!湖泊烤得冒火了他也不觉得热,江河冰封了他也不觉得冷,炸雷震裂山岭也不会使他受到伤害,飓风搅起滔天海浪也不会使他感到惊惧。像这样的至人,驾乘云气,驭骑日月,遨游于四海之外,生与死之类的问题不能够在其身上发生作用,又何况利与害之类的观念呢?"

【原文】

瞿鹊子问乎长梧子曰①:"吾闻诸夫子②:'圣人不从事于务,不就利,不违害,不喜求,不缘道,无谓有谓,有谓无谓,而游乎尘垢之外。'夫子以为孟浪之言,而我以为妙道之行也③。吾子以为奚若?"

【注释】

①瞿鹊子:孔门弟子。长梧子:封于长梧,故称。
②夫子:指孔子。
③行:途径。

【译文】

瞿鹊子向长梧子问道:"我听孔夫子说:'圣人不钻营世俗之事,不贪求功利,不躲避危害,不乐于奢求,不损道害道,没说的话好像说了,说了的话又好像没说,而心神遨游于尘俗之外。'孔夫子认为这都是些荒唐之言,可我认为这正是体悟妙道的途径。你以为如何?"

【原文】

长梧子曰:"是黄帝之所听荧也,而丘也何足以知之!且女亦大早计,见卵而求时夜①,见弹而求鸮炙。予尝为女妄言之,女以妄听之奚②?

"旁日月,挟宇宙,为其吻合,置其滑涽③,以隶相尊。众人役役,圣人愚芚④,参万岁而一成纯⑤。万物尽然,而以是相蕴。予恶乎知说生之非惑邪！予恶乎知恶死之非弱丧而不知归者邪！丽之姬⑥，艾封人之子也。晋国之始得之也，涕泣沾襟。及其至于王所，与王同筐床⑦，食刍豢，而后悔其泣也。予恶乎知夫死者不悔其始之蕲生乎？梦饮酒者，旦而哭泣；梦哭泣者，旦而田猎。方其梦也，不知其梦也。梦之中又占其梦焉，觉而后知其梦也。且有大觉而后知此其大梦也，而愚者自以为觉，窃窃然知之。'君乎！牧乎！'固哉！丘也与女，皆梦也；予谓女梦，亦梦也。是其言也，其名为吊诡⑧。万世之后而一遇大圣，知其解者，是旦暮遇之也。

①时夜：意即"司夜"，指鸡。
②奚：通"曷"，何不。疑问词。
③滑涽：昏乱。
④芚：通"钝"。
⑤参：糅合。
⑥丽之姬：晋献公伐丽戎国时，娶该国艾地守封疆人之女为姬，故称丽姬。
⑦筐床：安床。此为君主所睡的床。
⑧吊诡：怪异，恢诡。

长梧子说："这样的言论黄帝听了都迷惑难解，孔丘哪里能懂得呢？而且你也操之过急，才见了鸡蛋，你就要得到报晓的公鸡，才见了弹丸，你就要烤食鸮鸟。我试着给你随便说说，你姑妄听之，行不？

"圣人与日月并放光明，怀抱天地，磅礴万物以为一体，是非纷扰置之不问，尊卑贵贱等量齐观。众人忙碌奔波，圣人痴顽自得，糅合古今变化而整个儿地变得混混沌沌。万物全然相同，参合变化，互相包藏，浑然一体。我哪里知道贪生并非迷惑呢？我怎么知道怕死并非如自幼漂泊他乡而不知回归的人呢？丽姬是丽戎国艾地守封疆人的女儿，晋国迎娶她之初，泪水湿透衣襟。待她进了王宫，与国君同寝安床，吃山珍海味，这才悔责当初的哭嫁。我如何知道死了的人不后悔他们当初贪生恶死呢？梦中饮酒之人，天亮了便哭泣；梦中哭泣之人，天亮了去打猎。置身于梦境之中，并不知道正在做梦。有时梦中还占卜梦中事，醒来之后才知道是梦一场。而且，唯有领悟了大道而觉醒的人，才会悟出人生不过是一场大梦。然而那些愚人自以为清醒，自以为什么都明白。愚人日里梦里都在念叨着什么：'君王啊！贱民啊！'嘿，实在浅陋至极！孔丘与你，都在做梦！我在说你是在做梦，其实这也是梦。我的这番话，你可以称之为奇谈怪论。也许万世而后碰上一个大圣人，领会其中的深意。万世遇一圣，也就像早晚之间碰上的一样。

"既使我与若辩矣,若胜我,我不若胜,若果是也?我果非也邪?我胜若,若不吾胜,我果是也?而果非也邪①?其或是也,其或非也邪?其俱是也,其俱非也邪?我与若不能相知也,则人固受其黮暗②,吾谁使正之?使同乎若者正之?既与若同矣,恶能正之!使同乎我者正之?既同乎我矣,恶能正之!使异乎我与若者正之?既异乎我与若矣,恶能正之?使同乎我与若者正之?既同乎我与若矣,恶能正之!然则我与若与人俱不能相知也,而待彼也邪③?

①而:你。
②黮(tǎn)暗:不明的样子。
③彼:指上文所说的"大圣"。

"现在我和你辩论,你胜了我,我没能胜你,你果真对吗?我果真错吗?我胜了你,你没能胜我,我果真对吗?你果真错吗?是一人对,一人错了呢,还是两人都对,或两人都错了呢?我和你都不能互相弄明白,那么别的人也一定会被搞得糊里糊涂,我请谁来评判是非呢?请赞同你的人来评判吗?他已经和你相同了,如何能评判呢?请赞同我的人来评判吗?他已经和我相同了,如何能评判呢?请对我俩持异议的人来评判吗?他已经对我俩持有异议了,如何能评判呢?请对我俩附议的人来评判吗?他已经对我俩表示附议了,如何能评判呢?既然我与你与别的人都不能互相弄明白,那么等待那万世一遇的大圣吗?

"化声之相待①,若其不相待,和之以天倪②,因之以曼衍,所以穷年也③。何谓和之以天倪?曰:是不是,然不然。是若果是也,则是之异乎不是也亦无辩;然若果然也,则然之异乎不然也亦无辩。忘年忘义,振于无竟④,故寓诸无竟。"

①化声:这里指是非之辩。
②天倪:自然之分际。
③化声……穷年也:此五句二十五字原在"忘年忘义"一句之前,今据别本改正。

④竟:穷也。无竟,即无穷。

译文

"是非之辩相待而成,倘若不相对立,就以自然之分际来调和是非,因循自然的变化,以此悠游一生。什么叫'和之以天倪'？简单地说:把不对的看成对,把不是这样的看成是这样。'是'果真是'是',那么'是'区别于'不是'也就用不着辩论；'然'果真是'然',那么'然'区别于'不然'也就用不着辩论。忘却生死,忘却是非,遨游于自由无穷之境界,也就能悠然自得于自由无穷之境界。"

原文

罔两问景曰①:"曩子行②,今子止；曩子坐,今子起。何其无特操与？"景曰:"吾有待而然者邪？吾所待又有待而然者邪？吾待蛇蚹蜩翼邪③？恶识所以然？恶识所以不然？"

昔者庄周梦为胡蝶,栩栩然胡蝶也,自喻适志与,不知周也。俄然觉,则蘧蘧然周也。不知周之梦为胡蝶与？胡蝶之梦为周与？周与胡蝶,则必有分矣。此之谓"物化"④。

①罔两:影子边缘的阴影。景:古"影"字。
②曩(nǎng):从前。
③蛇蚹(fù):蛇壳。
④物化:指一种境界,如是非转化,彼此转化,等死生,齐万物的境界。

罔两问影子:"刚才你移动,现在你停止；刚才你坐着,现在你起立。你怎么这样没有独自特立的操守呢？"影子说:"我是由于有所依赖才这样的吗？是由于我所依赖的东西又是有所依赖才这样的吗？我依赖那些就像蛇所依赖的鳞皮或是蝉所依赖的翅膀吗？我怎么知道为什么会这样？怎么知道为什么会不这样？"

从前庄周梦见自己变成了蝴蝶,翩翩然飞动着的蝴蝶,自己觉得很得意,忘了自己是庄周。忽然醒来了,又分明是一个庄周而无疑。真弄不明白:是庄周梦中变成蝴蝶了呢,还是蝴蝶梦中变成庄周了呢？庄周与蝴蝶,那必定是有区分的了。这就叫做"物化"。

养生主

【题解】

《养生主》是内篇中的第三篇。本篇题意为：关于养生的要诀或原则。"养生"与"主"，在语法结构方面是偏正关系，意为"养生"之"主"，亦即"养生"之"道"。庄子认为，养生要做到"缘督以为经"，应该"依乎天理"，因循着自然之理以为法则，"安时而处顺，哀乐不能入"，对于形体残缺甚至生死都不必介意，关键在于获得精神方面的自由。由此可见，庄子的养生之"道"，所重者在于养神，而非养形。

【原文】

吾生也有涯，而知也无涯。以有涯随无涯，殆已！已而为知者，殆而已矣！为善无近名①，为恶无近刑。缘督以为经②，可以保身，可以全生，可以养亲③，可以尽年。

【注释】

①无：通"毋"。
②经：常，正道。
③亲：指"真君"，精神。

【译文】

人的生命是有限的，但知识是无穷无尽的。以有限去追随无限，太危险了！已经明白这个道理了却还要执著地追求知识，实在危险。干好事不要为着名利，干坏事不能触犯刑律。因循着自然之理以为法则，可以保护生命，可以保全天性，可以保养身体，可以享尽年寿。

【原文】

庖丁为文惠君解牛，手之所触，肩之所倚，足之所履，膝之所踦①，砉然响然②，奏刀騞然③，莫不中音，合于《桑林》之舞④，乃中《经首》之会⑤。文惠君曰："嘻，善哉！技盖至此乎⑥？"庖丁释刀对曰："臣之所好者道也，进乎技矣。始臣之解牛之时，所见无非牛者；三年之后，未尝见全牛也；方今之时，臣以神遇而不以目视，官知止而神欲行⑦。依乎天理，批大郤，导大窾⑧，因其固然。枝经肯綮之未尝微碍⑨，而况大軱乎！良庖岁更刀，割也；族庖月更刀，折也；今臣之刀十九年矣，所解数千牛矣，而刀刃若新发于硎。彼节者有间,而刀刃者无厚。以无厚入有间,恢恢乎其于游刃必有馀地矣。是以十九年而刀刃若新发于硎。虽然,每至于族,吾见其难为,怵然为戒,视为止⑩,行为迟。动刀甚微,謋然已解⑪,牛不知其死也⑫,如土委地。提刀而立,为之四顾,为之踌躇满志,善刀而藏之⑬。"文惠君曰:"善哉!吾闻庖丁之言,得养生焉。"

① 踦:通"倚",抵住。
② 砉(huā)然:状声词,形容肢解牛的声音。
③ 騞(huò)然:状声词,形容牛体被解开时的声音。
④《桑林》:商汤王之时的乐曲名。
⑤《经首》:尧时乐曲《咸池》中的一章。
⑥ 盖:通"盍",何。
⑦ 官:器官。指感觉器官。
⑧ 窾(kuǎn):指骨节间的洞穴。
⑨ 枝:原作"技",据别本改。微碍:此二字原本无,据别本补。
⑩ 止:定,集中。
⑪ 謋(huò):象声词,摹状牛体解开时发出的声音。
⑫ 牛不知其死也:此句原本无,据别本补。
⑬ 善:通"拭",擦。

庖丁为文惠君宰牛,手所触及的,肩所倚着的,脚所踩到的,膝所抵住的,嚓嚓刀进,刷刷声响,莫不合于乐音,合于《桑林》之舞步,合于《经首》之乐拍。

文惠君说:"啊!太妙了!你的技术为什么能达到这样高的境界?"庖丁放下刀回答说:"我所追求的是'道',远远超过了对技术的追求。起初我宰牛的时候,所看见的无不是一牛。三年而后,就未尝看见浑然一体之全牛了。到了现在,我是用心神去接触而不是用眼睛看,感官作用停止时,心神依然在运作。顺着牛体的生理纹路,剖开骨肉中的间隙,导入骨节间的空隙,循着牛的生理结构运刀。连经络纷错之处也没有一点感到妨碍,何况那大骨头呢!好的宰牛工每年换一次刀,因为他是用刀割;一般的宰牛工每月换一次刀,因为他是用刀砍;现在我的这把刀已经用了十九年了,所宰杀之牛数千头了,可是刀刃还像刚在磨刀石上磨过的一样。牛的骨节是有间隙的,而刀刃是没有厚度的。以没有厚度的刀刃导入骨节间的空隙,那空间对于刀刃的运转必然绰绰有馀了。所以,十九年了,刀刃就像刚从磨刀石上磨过后拿下来的一样。虽然如此,每每遇上筋骨盘结处,我知道不易下手,于是格外谨慎,眼神为此而专注,动作为此而放慢,这时,刀刃轻轻一动,哗啦一下,牛随之解体了。还没来得及弄清牛是不是真的死了,它已散如泥土，堆满一地。此刻，我提刀而立，为此而环顾四周，为此而心满意足，擦净牛刀，收而藏之。"文惠君说："太好啦！我听了庖丁的这一番话，从中悟出养生的真谛了。"

公文轩见右师而惊曰①："是何人也？恶乎介也②？天与？其人与？"曰："天也，非人也。天之生是使独也③，人之貌有与也。以是知其天也，非人也。"

泽雉十步一啄，百步一饮，不蕲畜乎樊中。神虽王④，不善也。

①公文轩：复姓公文，名轩，宋国人。右师：官职名。
②介：指一足。
③是：此，这个样。
④王：通"旺"，饱满。

公文轩见了右师惊奇地问："这是什么人？为什么只有一只脚呢？是天生的呢，还是人为的呢？"若有所悟道："是天生的，并非人为的。天生如此，使成单足，按照人的形貌，是该赋予双足的。由此知道是天生的，并非人为的。"

水泽中的野鸡走十步啄一口食，走百步饮一口水，它并不希望被养在樊笼之中。樊笼中的生活，神态虽然饱满，但并不自在。

【原文】

老聃死，秦失吊之，三号而出。弟子曰："非夫子之友邪？"曰："然。""然则吊焉若此，可乎？"曰："然。始也吾以为至人也①，而今非也。向吾入而吊焉，有老者哭之，如哭其子；少者哭之，如哭其母。彼其所以会之，必有不蕲言而言②，不蕲哭而哭者。是遁天倍情，忘其所受，古者谓之遁天之刑。适来，夫子时也；适去，夫子顺也。安时而处顺，哀乐不能入也，古者谓是帝之县解③。"

指穷于为薪④，火传也，不知其尽也。

①至人：原作"其人"，据别本改。
②言：借为"唁"。

③县：通"悬"。
④指：此字当是"脂"字之误或假借。

老聃死了，秦失去吊祭他，号哭了三声就出来了。弟子问："老聃不是你的朋友吗？"回答说："是呀！""既然是朋友，像这样吊祭，可以吗？"秦失说："可以。起初我认为他是至人，现在才知道不是。刚才我进去吊祭的时候，看到有老人哭他，就像哭他的儿子；有年轻人哭他，就像哭他的母亲。他们这些痛哭的人之所以聚集在这里，一定有不想吊唁而吊唁的，有不想痛哭而痛哭的。这种做法，失去了天性，违背了真情，忘记了人们所禀受的本性，古时候称之为违背自然的刑法。该来之时，老聃应时而来；该去之时，老聃顺理而去。安心适时，顺应变化，悲哀与欢乐便无从入于心灵，古时候称之为自然地解除倒悬。"

柴薪裹脂肪而燃烧，脂肪有耗尽之时，柴薪有燃完之时，然而火却永远传续，难以知道其穷尽之日。

人间世

《人间世》是内篇中的第四篇。篇题"人间世"亦即"人间"之"世"，意思是人间之社会。本篇是一篇处世哲学论。作者描述了人间世中错杂纷争的人际关系，列举直士与国君相处的艰难、臣僚与国君相处以及与太子相处的艰难，说明处世既难则不可不慎，从而进一步讨论处人与自处之道。庄子认为，面对艰难的世事，应"虚以待物"，"知其不可奈何而安之若命"，"形莫若就"，"心莫若和"。这些观点，正是对《逍遥游》中"无己"思想的进一步发挥。其次，该篇还提出了"人皆知有用之用，而莫知无用之用也"这一命题。"无用之用"的观点，与"无己"之人生态度、"虚无"之哲学思想，存在着密切的逻辑联系，虽说堪称精致的辩证法，但其人生观方面的消极色彩也是显而易见的。本篇选译时有删节。

颜回见仲尼，请行。曰："奚之？"曰："将之卫。"曰："奚为焉？"曰："回闻卫君，其年壮，其行独，轻用其国，而不见其过。轻用民死，死者以国量，乎泽若蕉①，民其无如矣！回尝闻之夫子曰：'治国去之，乱国就之②。医门多疾。'愿以所闻思其所行③，则庶几其国有瘳乎④！"

①乎泽若蕉：乎，假借为"墟"字，坼裂。蕉，通"焦"。

②就：即，这里指前去救治。
③所行：此二字原本无，据别本补。
④瘳(chōu)：病愈。

　　颜渊去见孔子，向他告别。孔子问："到哪里去？"颜渊答："将去卫国。"孔子问："为什么去卫国？"颜渊说："我听说，卫国的君王年轻气盛，独断专行，治国行政方面轻举妄动，又看不到自己的过失。他滥用民力，受其苦而死的人，其数字简直以区邑计，泽枯田裂，焦土一片。人民实在是走投无路了！我曾听先生您说：'安定之国可以离开，危乱之国应当前往。医生的门庭多病人。'我想不辜负先生的教诲，以自己的行动付诸实践。那么，或许这个国家还能从苦难中拯救出来呢！"

　　仲尼曰："嘻！若殆往而刑耳！夫道不欲杂，杂则多，多则扰，扰则忧，忧而不救。古之至人，先存诸己而后存诸人①。所存于己者未定，何暇至于暴人之所行！且若亦知夫德之所荡而知之所为出乎哉②？德荡乎名，知出乎争。名也者，相轧也；知也者，争之器也。二者凶器，非所以尽行也③。

【注释】

①存：确立。
②荡：失。
③尽：意谓精于、善于。

【译文】

　　孔子说："嘿！你大概是去受刑啊！'道'呢，是不宜纷杂的，纷杂了就多事，多事了就烦心，烦心了就生忧患，忧患产生就不可挽救了。古代的至人，先求树立自己而后才去扶助他人。借以树立自身的方面都不牢靠，又怎么谈得上遏止暴人的行为呢？再说，你明白'德'之所以荡失而'智'之所以显扬的原因吗？'德'因为求名而荡失，'智'由于争胜而显扬。名，正是人们相互倾轧的源头；智，正是人们争胜的凶器。两者都是不祥之物，不是借以使自己的品德崇高的方法。

　　"且德厚信矼①，未达人气；名闻不争，未达人心。而强以仁义绳墨之言衒暴人之前者②，是以人恶有其美也③，命之曰菑人④。菑人者，人必反蓄之。若殆为人蓄夫！且苟为悦贤而恶不肖，恶用而求有以异？若唯无诏⑤，王公必将乘人而斗其捷。而目将荧之⑥，而色将平之，口将营之⑦，容将形之，心且成之。是以火救火，以水救水，名之曰益多。顺始无穷，若殆以不信厚言⑧，必死于暴人之前矣！

①䂓(gāng)：形容憨实的样子。
②衒：原作"术"，据别本改。
③有：取得。"有"或为"育"字之误。育，通"鬻"，卖。
④菑：即"灾"字，害。
⑤诏：诤谏。
⑥而目将荧之：而，你。荧，眩惑。
⑦营：乱。
⑧若：你。不信：不被信任。

"况且，一个人道德淳厚，信誉诚实，可是不了解别人的感情；虽然不与别人争名誉，但也不了解别人的心理。如果勉强用仁德规范信义准则之类的言论在暴人面前炫耀，那么暴人就会认为你这样做是用揭人之恶的方式来卖弄自己的美德，就会认为你是害人。害别人的人，别人一定会反过来害他。你恐怕要被人所害的！假如一国之君亲贤臣而远小人，那还用得着你在别人面前标新立异吗？你最好是别谏诤，不然的话，君王一定会逮着你谏词中的漏洞而以他的辩才与你相斗。这时候你会眼神迷惑，气色压抑，唯唯诺诺，卑躬屈膝，违心妥协。这么干的话，实在是火上加油，推波助澜，岂不成了帮凶！而按着初衷不断谏诤，你恐怕会由于不被信任、反复进言的缘故，一定死在暴人面前了！

"且昔者桀杀关龙逢，纣杀王子比干，是皆修其身以下伛拊人之民①，以下拂其上者也②，故其君因其修以挤之③。是好名者也。昔者尧攻丛枝、胥敖，禹攻有扈，国为虚厉④，身为刑戮。其用兵不止，其求实无已。是皆求名实者也。而独不闻之乎？名实者，圣人之所不能胜也，而况若乎！虽然，若必有以也⑤，尝以语我来。"

①伛拊：通"呕咐"，怜爱。
②拂：违逆。

③修：善。
④虚厉：虚，通"墟"。厉，厉鬼。
⑤以：原因。

"再说，从前桀杀贤臣关龙逢(páng)，纣杀叔父比干，这都由于他们修养自身，作为臣下爱恤人君之庶民，作为臣下违逆君王而引起猜忌，所以，君王就因为他们的美德而排挤他们。这实际是好名的结果。从前，尧攻伐丛枝、胥敖，禹攻伐有扈，这些国家都成了废墟，臣民死灭，国王被杀。这些小国曾经用兵不已，贪利不已。这都是好名求利的结果。你就没有听说过吗？名利欲望，圣人都难以克制，何况你呢？尽管如此，你必定也有你的道理，试着说给我听听吧！"

颜回曰："端而虚，勉而一，则可乎？"曰："恶！恶可！夫以阳为充孔扬，采色不定，常人之所不违，因案人之所感，以求容与其心。名之曰日渐之德不成，而况大德乎！将执而不化，外合而内不訾①，其庸讵可乎！"

"然则我内直而外曲，成而上比。内直者，与天为徒。与天为徒者，知天子之与己，皆天之所子，而独以己言蕲乎而人善之②，蕲乎而人不善之邪？若然者，人谓之童子，是之谓与天为徒。外曲者，与人之为徒也。擎跽曲拳③，人臣之礼也。人皆为之，吾敢不为邪？为人之所为者，人亦无疵焉④，是之谓与人为徒。成而上比者，与古为徒。其言虽教，谪之实也⑤，古之有也，非吾有也。若然者，虽直而不病，是之谓与古为徒。若是则可乎？"仲尼曰："恶！恶可！大多政，法而不谍⑥，虽固亦无罪⑦。虽然，止是耳矣，夫胡可以及化！犹师心者也⑧。"

①訾：毁，消除。
②善：称善。
③跽：长跪，挺着上身，臀不接踵。
④疵：指毛病。用如动词。
⑤谪：谴责。
⑥大多政，法而不谍：大，太。政，通"正"，法规。谍，通"渫"，通达。
⑦固：浅陋。
⑧师心：以自己的心为师。

颜渊回答说:"正直而谦逊,积极而坚定,这样可以吗?"孔子说:"嘿!这怎么可以呢?卫君本多锋芒,又加上方刚之年,所以气势更盛,喜怒无常,平常人谁也不敢违拗他,他又压制别人的思想,以求如意顺心。对这样的人,每天用小德慢慢感化他都不成,何况用大德规劝他呢?他一定是固执不化,即便外表投合,内心必不消除己见,你的想法如何可行呢?"

颜渊说:"那么我内心直率而外表委曲,引用成说以上比古人。所谓'内心直率',就是与自然同类。与自然同类的,就会知道天子与我都是天的儿子,既然如此,对于自己的言论,干吗还希望别人称好呢?又何必在乎别人指责呢?像这样的话,人们就会说我天真,这就叫与自然同类。所谓'外表委曲',就是与众人同类。捧笏跪拜,此为人臣应尽的礼节。众人都这么做,我敢不这么做吗?做众人所做的事,别人也不会批评,这就叫做与众人同类。所谓引用成说以上比古人,就是与古人同类。所引用的言论虽然都是古训,而实质上是责备,但那是古已有之,并非我新创的。像这样的话,虽然直率但不至于遭嫉恨,这就叫与古人同类。像这样可以吗?"孔子说:"嘿!这怎么可以呢?你所说的这些,规范太多,也不通达,虽然浅陋,却也不会得罪。尽管如此,但只不过如此而已了,又如何能够去感化他呢?你总是自以为是。"

原文

颜回曰:"吾无以进矣,敢问其方。"仲尼曰:"斋①,吾将语若。有心而为之,其易邪?易之者,皞天不宜。"颜回曰:"回之家贫,唯不饮酒不茹荤者数月矣。如此,则可以为斋乎?"曰:"是祭祀之斋②,非心斋也。"回曰:"敢问心斋。"仲尼曰:"若一志,无听之以耳而听之以心;无听之以心而听之以气。听止于耳③,心止于符④。气也者,虚而待物者也。唯道集虚。虚者,心斋也。"

注释

①斋:指心斋。
②祭祀之斋:指祭祀之前的斋戒。
③听止于耳:宣颖《南华经解》认为此句应作"耳止于听"。此说可从。止,不动。
④符:接触,接合。

颜回说:"我没法提出更好的主意了。请问先生有什么好方法?"孔子说:"先斋戒,我再告诉你。有心去做事,难道容易吗?太容易了,就不合自然之理了。"颜渊说:"我家贫困,已经好几个月不喝酒、不吃荤了。像这样可算得上斋戒了吧?"孔子说:"这叫做祭祀之斋戒,并非心斋。"颜渊问:"请问什么是'心斋'?"孔子说:"你致志专心,不是用耳听而是以心去体会;非以心去体会而是以气去感应。耳的作用止于听觉,心的作用止于感知。气呢,虚空而容纳万物。唯有'道'存在于虚空之中。'虚'的心境,就是'心斋'。"

[原文]

颜回曰:"回之未始得使①,实自回也;得使之也,未始有回也,可谓虚乎?"夫子曰:"尽矣!吾语若!若能入游其樊而无感其名,入则鸣②,不入则止。无门无毒③,一宅而寓于不得已,则几矣。绝迹易④,无行地难。为人使易以伪,为天使难以伪。闻以有翼飞者矣,未闻以无翼飞者也;闻以有知知者矣,未闻以无知知者也。瞻彼阕者,虚室生白,吉祥止止⑤。夫且不止,是之谓坐驰⑥。夫徇耳目内通而外于心知⑦,鬼神将来舍,而况人乎!是万物之化也,禹、舜之所纽也,伏戏、几蘧之所行终⑧,而况散焉者乎⑨!"

①得使:受教。
②入:入耳,中听。
③无门无毒:此承上文"医门多疾"句意而发挥。无,通"毋"。"门",此处用作动词。
④迹:脚印。
⑤止止:来临了。前一"止"字是动词,后一"止"字是助词。
⑥坐驰:形坐而神驰。
⑦徇:使。外:疏远,排斥。
⑧伏戏、几蘧:传说中的上古君王。伏戏,即"伏羲"。
⑨散焉者:疏散无成就的人。指普通人。

颜回说:"在我没有受教'心斋'道理之前,我的感觉是我颜回自身的存在;受教了'心斋'道理之后,就感到未曾有我颜回自身的存在。这可以算是达到'虚'的境界了吗?"孔子说:"太对了!我告诉你!如能悠游于世俗而不为名利所动就可以了,别人认为中听你就讲,觉得不入耳就别讲。别摆出医生的招牌,别把自己的思想看做治人的药方。全然安居,托心于无可如何之境地,这就差不多了。不走路容易,走路而不留形迹就难了。为他人所驱使容易造假,被天性所驱使就难以作伪。听说过有靠翅羽而飞行的动物,却从未听说过无翅羽也能飞的;听说过有靠心智去求知的人,却从未听说过无智慧也能认知事物的。观照那个虚空的境界,虚寂淡泊的心境就会呈现光明,吉善福祥来临了。如果不能虚寂淡泊,这就叫形坐而神驰。要收视反听,向内达于虚寂,摒弃心机巧智,鬼神也会来依归,何况人呢!如此则万物皆可感化,这是唐尧、虞舜治世的关键,是伏羲、几蘧奉行的准则,何况普通的人呢?"

颜阖将傅卫灵公太子①,而问于蘧伯玉曰②:"有人于此③,其德天杀。与之为无方,则危吾国;与之为有方,则危吾身。其知适足以知人之过,而不知其所以过。若然者,吾奈之何?"蘧伯玉曰:"善哉问乎!戒之,慎之,正女身也哉④!形莫若就,心莫若和。虽然,之二者有患⑤。就不欲入,和不欲出。形就而入,且为颠为灭,为崩为蹶⑥。心和而出,且为声为名,为妖为孽。彼且为婴儿⑦,亦与之为婴儿;彼且为无町畦⑧,亦与之为无町畦;彼且为无崖⑨,亦与之为无崖。达之,入于无疵。

【注释】

①颜阖将傅卫灵公太子:颜阖,姓颜名阖,据传为鲁国的贤人。卫灵公太子,蒯聩。傅,做某人的老师。傅,这里用做动词。

②蘧(qú)伯玉:姓蘧字伯玉,名瑗,据传为卫国的贤大夫。

③人:这里指太子蒯聩。

④正女身:端正你自身。女,通"汝"。

⑤患:危险。

⑥蹶:跌倒,失败。

⑦婴儿:比喻天真。"婴儿",与下文中的"无町畦""无崖",三者都寓含无拘无束、随心任性之义。

⑧町(tīng)畦:田界,界域,界限。引申为限制、约束。町,田间小路。畦,田园中的区域。

⑨崖:通"涯"。

颜阖将担任卫灵公太子的老师,他问蘧伯玉道:"现在有这么一个人,他的天性十分残暴。假如不管束他,那么会危害我们的国家;假如管束他,那么会危害我自身。这个人的智识仅仅能够知道别人的过错,却不知道种种过失的真正原因。像这样的情况,我该对他怎么办?"蘧伯玉说:"问得好啊!你要警惕,要谨慎,要端正你自己!对这种人,表面上不如亲近他,但内心里不如诱导他。尽管如此,但这两方面仍有危险。亲近他但不能陷进去,诱导他但不要露痕迹。外表迁就而陷进去,就会堕落、毁灭以致失败。诱导之意太外露,他就会以为你是在哗众取宠,兴妖作怪。他像婴儿般的天真,你也姑且跟他一起天真得像婴儿;他假如不分界限,无拘无束,你也姑且跟他一样不分界限,无拘无束。做到这一步,就能够进入无可挑剔的境界。

"汝不知夫螳螂乎？怒其臂以当车辙①，不知其不胜任也，是其才之美者也。戒之，慎之，积伐而美者以犯之②，几矣！汝不知夫养虎者乎？不敢以生物与之③，为其杀之之怒也；不敢以全物与之，为其决之之怒也。时其饥饱④，达其怒心⑤。虎之与人异类，而媚养己者，顺也；故其杀之者⑥，逆也。夫爱马者，以筐盛矢⑦，以蜄盛溺⑧。适有蚊虻仆缘⑨，而拊之不时⑩，则缺衔毁首碎胸。意有所至而爱有所亡，可不慎邪！"

① 当车辙：当，通"挡"。辙，这里指车轮。
② 积伐而：积，屡屡。伐，夸耀。而，你，你的。
③ 生物：活的动物。
④ 时：假借为"伺"，等待。
⑤ 达：了解，引导。
⑥ 杀之：指伤害人。"之"字原无，据《列子·黄帝篇》校补。
⑦ 矢：假借为"屎"。
⑧ 以蜄盛溺：蜄，大蛤，这里指蛤壳。溺，尿。
⑨ 仆缘：指蚊虻叮着。仆，附。缘，攀。
⑩ 不时：不合时。

"你不知道那螳螂吗？奋力举起它的臂膀去阻挡车轮，却不知道它力不胜任。这就是因为螳螂过分夸大了自己的才能。要警惕，要谨慎！如果一味夸耀你的长处而触犯他，那就和螳臂当车的情形差不多了！你不知道那驯养老虎的吗？不敢扔活的动物给老虎吃，担心扑杀活食容易刺激老虎残杀的天性；不敢以完整的动物给老虎吃，担心撕裂动物容易刺激老虎残杀的天性。掌握和等待老虎饥饿与饱食的时机，掌握并引导老虎残暴的性情。老虎与人虽不同类，但在驯养它的人面前却驯服温顺，这是由于顺着它的性子。因而，老虎要伤害人，无非是因为违逆了它的性子。那爱马的人，用竹筐子接马粪，用大蛤壳接马尿。正巧有蚊虻在马身上叮咬，爱马者出其不意地拍击蚊虻，马因此受惊，咬烂衔勒，毁损头胸上的缰辔络缨。良好的愿望却造成意外的后果，能不谨慎吗？"

[原文]

匠石之齐①，至于曲辕②，见栎社树③。其大蔽数千牛，絜之百围④，其高临山,十仞而后有枝,其可以为舟者旁十数。观者如市,匠伯不顾,遂行不辍。弟子厌观之,走及匠石,曰:"自吾执斧斤以随夫子,未尝见材如此其美也。先生不肯视,行不辍,何邪?"曰:"已矣,勿言之矣!散木也。以为舟则沉,以为棺椁则速腐,以为器则速毁,以为门户则液樠⑤,以为柱则蠹⑥,是不材之木也。无所可用,故能若是之寿。"

①匠石:一位名叫石的木匠。
②曲辕:地名。
③栎社树:被拜为土地神的栎树。
④絜(xié):用绳子计量。
⑤液樠:脂液流出,就像樠树。樠树像松树一样,常有树脂流出,木质不坚实。
⑥蠹:蛀虫。这里作动词用。

匠石往齐国去,到了曲辕,看见了一棵被拜为土地神的大栎树。这棵树大得能够给几千头牛遮阴,量一量树身,周长有百尺左右。树尖高及山顶,七八丈以上才生出树枝,可以用来造船的树枝就有十几个。前往观瞻的人多得就像赶集一样,可匠石看也不待看,径自往前走,不停一步。他的徒弟观看了个够,快步追上匠石,问:"自从我拿着斧头跟师傅您当学徒以来,从未看到过像这样美好的木材!师傅您看都不愿意看一眼,一直不停地往前走,到底是为什么呢?"师傅说:"你打住,别说了!那是没用的散木!用它来做船,船会沉没;用它来做棺材,棺材腐烂得快;用它来做器具,器具坏得快;用它来做门户,门户就会流溢脂液;用它来做房柱,房柱又惹虫蛀。总而言之,此乃不材之木。毫无可用之处,所以才能够这么长寿。"

匠石归,栎社见梦曰:"女将恶乎比予哉?若将比予于文木邪?夫柤梨橘柚,果蓏之属①,实熟则剥,剥则辱。大枝折,小枝泄②。此以其能苦其生者也,故不终其天年而中道夭,自掊击于世俗者也。物莫不若是。且予求无所可用久矣!几死,乃今得之,为予大用。使予也而有用,且得有此大也邪?且也若与予也皆物也,奈何哉其相物也?而几死之散人,又恶知散木!"匠石觉而诊其梦③。弟子曰:"趣取无用④,则为社何邪⑤?"曰:"密!若无言!彼亦直寄焉⑥!以为不知己者诟厉也⑦。不为社者,且几有剪乎!且也彼其所保与众异,而以义喻之⑧,不亦远乎!"

①果蓏(luǒ)：有核叫果，无核叫蓏。
②泄(yè)：通"抴"，拉。此指被牵扭。
③诊：通"畛"，告。一说，"诊"，意思是占梦。
④趣取：即"趋取"，追求。趣，通"趋"。
⑤为社：做土地神。
⑥直寄：特意寄托。直，特。
⑦以为：以，因。为，被。
⑧义：常理。

匠石回到家，夜里梦见栎社树对他说："你要用什么和我比呢？你要把我和文木相比吗？那些柤树、梨树、橘树、柚树，都是结果子的树，果实成熟了就要被摘被剥，这些树可谓受尽折磨。大枝被折断了，小枝被扭曲了。这就是由于它们的功用而害了自身的生命，所以不能享尽天年以致中途夭亡。是它们的自我张扬招来了世俗之人的伤害。万物莫不如此。我企求无所可用，已经很长时间了。险些丧命，而今终于实现了无所用的愿望，这正是我的大用！假如我被看做有用之木，我还能长到今天这么大吗？而且你与我都是物，何必要相互看做可用不可用之物呢？你这种快要死的散人，又如何知道我是散木！"匠石醒来后说了夜里的梦。徒弟说："它既然企求无用，可又做了社神，那到底图啥呢？"匠石说："墙外有耳！你别说话！那栎树只是特意寄托于神社，其意在于使那些不理解它的人非议它。不做神社之树，岂不早就遭砍伐了吗？只不过它的自我保护方式与众不同。你依常理来思考说明，不是相差得太远了吗？"

南伯子綦游乎商之丘①，见大木焉，有异，结驷千乘②，将隐芘其所藾③。子綦曰："此何木也哉！此必有异材夫！"仰而视其细枝，则拳曲而不可以为栋梁；俯而视其大根，则轴解而不可以为棺椁④；咶其叶⑤，则口烂而为伤；嗅之，则使人狂酲三日而不已⑥。子綦曰："此果不材之木也，以至于此其大也。嗟乎，神人以此不材！"

①南伯子綦游乎商之丘：南伯子綦，即南郭子綦，为南郭之长，故称伯。商之丘，即商丘，宋国国都。
②结：集。
③将隐芘其所藾："将隐"原作"隐将"，据别本改。隐，藏。芘，通"庇"。藾，荫。
④轴解：轴，此指树心。解，松散。

⑤咶(shì):同"舐",舔。
⑥酲(chéng):醉酒。

南伯子綦游历到商丘,看见一棵大树与众不同,千乘车马都能在树下歇荫。子綦说:"这是什么树?它一定有特殊的材质!"仰望树的细枝,都是弯弯曲曲的却做不了栋梁;俯看树的大根,可见木质疏松却做不了棺材;舔一舔树的叶子,口腔就溃烂受伤;闻一闻树的气味,就使人烂醉如泥,三日不醒。子綦说:"这果然是不材之木,所以才能够长这么高大。哎呀!神人正是这样显示自己无用的呀!"

宋有荆氏者①,宜楸柏桑。其拱把而上者②,求狙猴之杙者斩之③;三围四围,求高名之丽者斩之④;七围八围,贵人富商之家求樿傍者斩之⑤。故未终其天年,而中道之夭于斧斤,此材之患也。故解之以牛之白颡者⑥,与豚之亢鼻者,与人有痔病者,不可以适河。此皆巫祝以知之矣,所以为不祥也。此乃神人之所以为大祥也。

①荆氏:宋国地名。
②拱把:拱,两手相合。把,一手所握。
③杙(yì):小木桩。
④丽:屋之正梁。
⑤樿(shàn)傍:单幅木板的棺材。
⑥解:解祷,祈神求福免灾。

宋国荆氏那个地域,适宜于种植楸树、柏树和桑树。树木中长到手掌可握粗细的,那些想要削做拴猴木桩的人把它砍了;长到三四围粗的,那些想要砍做华堂栋梁的人把它锯了;长到七八围粗的,那些想要伐做高档棺材的富贵人家把它刨了。所以,这些树不能尽享天年,在它们生命历程的途中就被斧头砍伐而死,这就是因为有用而招致的祸患。所以,在祈神求福免灾的祭祀中,那些白额的牛,那些翘鼻的猪以及患有痔疮的人,都不可用来祭献河神。这是巫师祝官们都知道的,它们被认为是不吉祥之物。其实,这正是神人认为最吉祥的。

原文

支离疏者①,颐隐于脐,肩高于顶,会撮指天②,五管在上,两髀为胁。

挫针治繲,足以糊口;鼓筴播精③,足以食十人④。上征武士⑤,则支离攘臂而游于其间⑥;上有大役⑦,则支离以有常疾不受功⑧;上与病者粟⑨,则受三钟与十束薪。夫支离其形者⑩,犹足以养其身,终其天年,又况支离其德者乎!

①支离疏:假设之人名。寓有"支离破碎"之义。
②会撮:发髻。
③鼓筴播精:筴,占卦时用的蓍草。精,精米。占卦时,问卦的人把米交给算卦的人,算卦的人把米撒在神位上求神。米最后归算卦的人所有。
④食:通"饲",养。
⑤上:指统治者。
⑥支离:即支离疏。
⑦役:徭役。
⑧不受功:意思是说不用当差。
⑨与:给。
⑩支离:使残废,使有缺陷。

支离疏这个人,脸部隐在肚脐之下,肩膀高出头顶,颈后发髻朝天,五脏在上,两腿似成两肋。他给别人家缝补浆洗,所得足以糊口;为别人算命打卦,所得足以养活十人。国家抽调壮丁,他在征兵场地捋袖露臂,晃悠其间;官方征用役夫,他因肢体残疾而免服徭役;政府救济老弱病残,他能够领到三钟谷子十捆柴。像这样形体残缺不全的人,还能够养其身,以无用为大用而得以享尽天年,又何况那以无德为大德的至人呢?

孔子适楚,楚狂接舆游其门①。曰:
"凤兮,凤兮,何如德之衰也!
来世不可待,往世不可追也!
天下有道,圣人成焉②。
天下无道,圣人生焉③。
方今之时,仅免刑焉。
福轻乎羽,莫之知载④。
祸重乎地,莫之知避。

已乎,已乎!临人以德⑤。
殆乎,殆乎!画地而趋⑥。
迷阳迷阳⑦,无伤吾行⑧。
郤曲郤曲⑨,无伤吾足。"

山木,自寇也⑩;膏火,自煎也。桂可食,故伐之;漆可用,故割之。人皆知有用之用,而莫知无用之用也。

①游其门:走过孔子的门口。
②成:成就事业。
③生:保全生命。
④载:承受,享受。
⑤临人:此谓教人。
⑥画地而趋:自己画圈子自己跑。意谓自我束缚。
⑦迷阳:指荆棘。
⑧行:这里指脚胫。
⑨郤曲郤曲:此句原作"吾行郤曲",据别本改。郤曲,指刺榆。
⑩自寇:自讨砍伐。寇,砍伐。

孔子到了楚国,楚国狂人接舆唱着歌走过孔子住处的门前。他这样唱道:
"凤啊!凤啊!道德为什么这样衰败!
来世不可期待,往世追不回来!
天下有道之时,圣人事业有成。
天下无道之时,圣人苟且偷生。
如今这个时代,好歹只求免刑。
幸福轻于鸿毛,如何才能将你求到?
灾祸重于厚地,如何才能将你避开?
算了吧!算了吧!仁义道德,不必炫耀。
危险啊!危险啊!画地为牢,自己蹦跳!
荆棘呀,带刺的草,别缠腿,让我走……
刺榆呀,带刺的树,别扎脚,让我走……"

山林里的树木是自招砍伐之灾;柴薪中的脂膏是自惹煎熬之祸。桂树因皮可入药,所以就遭斧砍;漆树因脂能粉刷,所以就遭刀割。世人无不知有用之用,可就是没人知道无用之用!

德充符

【题解】

《德充符》是内篇中的第五篇。本篇题意为:道德完满的象征。充,意思是充实、完美。符,意为标志、证验。那么"全德之人"是什么样的人呢?本篇列举了兀者王骀、申徒嘉、叔山无趾、闉跂支离无脤、瓮㼜大瘿这样五个奇异的人物。作者一方面描写他们肢体残缺、形貌奇丑无比,另一方面又表现他们的"德"之完美以及巨大的吸引力,就连孔子、子产、鲁哀公这样的圣贤都自叹不如。他们"德充"的标志在于能够体悟大道,忘形无己,齐万物,等死生,根本不存在是非好恶以及宠辱尊卑的观念,并且连立"德"的思想动机都已经摒弃。由此可见,《德充符》是对内篇前三篇中无己、齐物、养神思想的进一步图解与发挥。

【原文】

鲁有兀者王骀①,从之游者与仲尼相若。常季问于仲尼曰:"王骀,兀者也,从之游者与夫子中分鲁②。立不教,坐不议,虚而往,实而归。固有不言之教,无形而心成者邪③?是何人也?"仲尼曰:"夫子,圣人也,丘也直后而未往耳④!丘将以为师,而况不若丘者乎!奚假鲁国⑤,丘将引天下而与从之。"

【注释】

①兀者王骀:兀者,断足的人。王骀(tái),假设之人名。
②中分:对半分。
③成:形成,引申为领会、掌握。
④直后:直,特。后,落后。
⑤奚假:何止。假,但。

【译文】

鲁国有个断足人王骀,他的弟子与孔子的弟子在人数上一般多。常季向他的老师孔子问道:"王骀只是个断脚之人,在鲁国,您和他的弟子已经对半分了。他站着不讲授,坐着不议论,他的弟子空虚而来,满载而归。是不是真有不言之教,能无形化育而使人心领神会的事?这是什么样的人呢?"孔子说:"这位先生是圣人。我太落后了,还没有前往求教。我将以他为师,又何况还不如我的人呢?岂止是鲁国,我将引领天下之人都去向他学习。"

常季曰:"彼兀者也,而王先生①,其与庸亦远矣②。若然者,其用心也独若之何?"仲尼曰:"死生亦大矣,而不得与之变;虽天地覆坠,亦将不与之遗;审乎无假而不与物迁③,命物之化而守其宗也④。"

常季曰:"何谓也?"仲尼曰:"自其异者视之,肝胆楚越也;自其同者视之,万物皆一也。夫若然者,且不知耳目之所宜,而游心乎德之和⑤。物视其所一而不见其所丧,视丧其足犹遗土也。"

【注释】

① 王:长。
② 庸:常人。
③ 无假:真。迁:变化。
④ 宗:根本。指自然、天以及"无假",实际就是"天道"。
⑤ 和:取消界限、对立,与外物相通为一。

常季说:"他是个断足之人,又超过了先生您,那么他与常人之间,距离也就更远了。他能够达到这样的境地,那么他的核心思想到底是怎样的呢?"孔子说:"死与生这么重大的事,他都不会跟着受影响;即使天塌了地陷了,他也不会随之失落。他能安守于无所依恃的境地,而不因外物之变迁而变迁;他主宰万物之化,又能守万物变化之道。"

常季问:"这究竟是什么意思呢?"孔子说:"就万物相异的方面看,楚、越是两个不同的国家,犹如肝、胆是两个不同的器官;就万物相同的方面看,则万物都完全相同。明白了这个道理的话,就不会在意耳目究竟好恶何种声色,就会悠游于和顺的道德境地。既然万物皆一,当然就看不见有所丧失。这样,失去一只脚也可以看做像丢了块泥巴一样。"

【原文】

常季曰:"彼为己①,以其知得其心,以其心得其常心②。物何为最之哉③?"仲尼曰:"人莫鉴于流水,而鉴于止水④。唯止能止众止⑤。受命于地,唯松柏独也在⑥,冬夏青青;受命于天,唯尧舜独也正⑦,在万物之首⑧。幸能正生⑨,以正众生。夫保始之征⑩,不惧之实,勇士一人,雄入于九军⑪。将求名而能自要者,而犹若是,而况官天地、府万物、直寓六骸⑫、象耳目、一知之所知,而心未尝死者乎!彼且择日而登假⑬,人则从是也。彼且何肎以物为事乎⑭！"

①为：治，修养。
②常心：指天道。
③物：外物，包括王骀的门徒。最：音、义均同"聚"。
④止水：静止的水。比喻静寂无为。
⑤唯止能止众止：这里三个"止"字可分别释为"止水""止住""停止"。
⑥在：此字原缺，据别本补。
⑦尧：此字原缺，据别本补。
⑧在万物之首：此句原缺，据别本补。
⑨生：通"性"。
⑩征：信，诺言。
⑪九军：通称天子六军和诸侯三军。
⑫六骸：人之头、身、四肢。指代人体。
⑬登假：升至。假，通"格"，至。
⑭肎："肯"之本字。

　　常季说："王骀修养自身，用他的智慧意识到他的心灵，用他的心灵体悟永恒不变的思想。人们为什么纷纷师从他呢？"孔子道："人们不可能在流动的水面上映照自己，而只能在静止的水面上映照。唯有静止之物才能留止他物使其静止。受命于地而生的，唯有松柏禀受自然的真性，所以无论冬夏，四季常青；受命于天而生的，唯有尧舜禀受自然的真性，所以成为万民之领袖。所幸能够自正本性，所以才能引导众人的心性。信守当初的诺言，真正地无所畏惧，勇士单枪匹马，也敢奋杀于千军万马之中。为了求取功名而自我期待的人尚且如此，又何况主宰天地，包藏万物，以六骸之体为寄寓之所，以耳目所得为虚幻之象，视万般众识为同一无二，体悟天道而心性未灭的人呢？王骀修心悟性，很快就将上达大道，众人都乐意师从他。他又怎么愿意以世俗之事为务呢？"

　　申徒嘉①，兀者也，而与郑子产同师于伯昏无人②。子产谓申徒嘉曰："我先出则子止，子先出则我止。"其明日，又与合堂同席而坐。子产谓申徒嘉曰："我先出则子止，子先出则我止。今我将出，子可以止乎？其未邪？且子见执政而不违③，子齐执政乎④？"申徒嘉曰："先生之门⑤，固有执政焉如此哉？子而说子之执政而后人者也⑥？闻之曰：'鉴明则尘垢不止,止则不明也。久与贤人处则无过。'今子之所取大者⑦,先生也,而犹出言若是,不亦过乎!"

①申徒嘉:复姓申徒,名嘉,郑国贤人。
②郑子产:复姓公孙,名侨,字子产,郑国大夫。伯昏无人:假设之人名。
③执政:这里是子产指他自己这位宰相。违:回避。
④齐:与……相齐。
⑤先生:指伯昏无人。
⑥说:通"悦"。后人:瞧不起别人。后,作动词用。
⑦取大:借重。

申徒嘉是一个被砍断了脚的人,他与郑国的子产同时师学伯昏无人。子产对申徒嘉说:"我先出门呢,你就留步;你先出门呢,我就留步。"第二天,子产又与申徒嘉同堂坐在一席之上。子产对申徒嘉说:"我先出门呢,你就止步;你先出门呢,我就止步。这样做不行吗?你见了我这个宰相从不回避,你是不是要与宰相平起平坐呢?"申徒嘉说:"我们老师的门下,有过像你这样当宰相的吗?你是得意于你的宰相之位而轻视他人吗?我听说过这么一句话:'镜子明亮,就灰尘不落;落上灰尘了,就不明亮。与有德之人长久相处就没有过失。'你现在所借重受惠的,无疑是老师,可你还这样讲话,岂不是太过分了吗?"

子产曰:"子既若是矣①,犹与尧争善②。计子之德,不足以自反邪?"申徒嘉曰:"自状其过,以不当亡者众③;不状其过,以不当存者寡。知不可奈何而安之若命,唯有德者能之。游于羿之彀中④。中央者,中地也;然而不中者,命也。人以其全足笑吾不全足者多矣,我怫然而怒⑤;而适先生之所,则废然而反⑥。不知先生之洗我以善邪?吾与夫子游十九年矣,而未尝知吾兀者也。今子与我游于形骸之内⑦,而子索我于形骸之外⑧,不亦过乎!"子产蹴然改容更貌曰⑨:"子无乃称⑩!"

①若是:指申徒嘉受过断足之刑。
②尧:当做"侨"字。子产名侨。
③亡:失去。这里指受刑亡足。
④彀中:射程之内。彀,张满弓。

⑤怫:通"勃"。
⑥反:通"返"。
⑦形骸之内:指精神、心灵。
⑧形骸之外:指形体、外貌。
⑨蹴然:形容有所不安的样子。
⑩无乃称:不必再说了。乃,如此。

子产说:"你都已经是这副模样了,却还要与我争短长。好好想想你的品德,还不值得自己去反思吗?"申徒嘉说:"为自己的过错辩解,认为不应当失去的,很多;不为自己的过错辩解,认为不应当存在的,很少。知道置身无可奈何之乡,但能安之若素、处之泰然,唯有有德之人才能这样。进入了羿的射程之内,那正当中的地方,也就是箭矢必中之地;然而没有被射中,那是'命'。凭着自己双脚齐全而耻笑我双脚不全的人多了,对此,我十分生气。到了伯昏先生这里,我的火气荡然无存。不明白先生这是以善道净化我吗?我跟着先生游学已经十九年了,可先生就像压根儿不知道我是一个断足之人。现在你与我悠游于精神世界,可你以貌取人,苛求于我,不是也太过分了吗?"子产惭愧不安,面色红一阵、白一阵,说道:"您别再说了!"

鲁有兀者叔山无趾,踵见仲尼①。仲尼曰:"子不谨,前既犯患若是矣。虽今来,何及矣!"无趾曰:"吾唯不知务而轻用吾身②,吾是以亡足。今吾来也,犹有尊足者存焉③,吾是以务全之也。夫天无不覆,地无不载,吾以夫子为天地,安知夫子之犹若是也!"孔子曰:"丘则陋矣!夫子胡不入乎?请讲以所闻。"无趾出。孔子曰:"弟子勉之!夫无趾,兀者也,犹务学以复补前行之恶,而况全德之人乎!"

无趾语老聃曰:"孔丘之于至人,其未邪?彼何宾宾以学子为④?彼且蕲以諔诡幻怪之名闻⑤,不知至人之以是为己桎梏邪?"老聃曰:"胡不直使彼以死生为一条⑥,以可不可为一贯者⑦?解其桎梏,其可乎?"无趾曰:"天刑之⑧,安可解!"

①踵见:以脚跟走着去见。踵,脚跟。
②不知务:不懂世务。
③焉:此字原缺,据别本补。
④学子:学于子,向您学习。

⑤以……闻:以……闻于天下。闻,动词。
⑥一条:与下文"一贯"意思相同,谓相通。
⑦可不可:可与不可。
⑧刑:惩罚。

鲁国有个受了断趾之刑的叔山无趾。他以脚后跟走着去见孔子。孔子说:"你不谨慎,以前已经受刑遭祸成了这副样子;即使现在来了,又于事何补呢?"叔山无趾说:"我只是不懂世务而没有自爱自重,我因此而失去了脚趾。现在我来这儿,是因为还有比脚趾更重要的东西在,所以我务求完善它。高天无不覆盖,大地无不承载,我把先生您看做天地,哪里知道先生竟然是这样!"孔子说:"我呢,确实是浅陋了。您为什么不进来呢?请讲讲您的想法!"无趾转身而去。孔子说:"弟子们努力吧!无趾呢,是个断趾之人,还务求学习以弥补往日行为的过失,何况无过之人呢!"

无趾对老聃说:"孔子对于'至人'而言,还没有达到境界吧?他为什么那样毕恭毕敬地请教于您呢?他还企图以奇异怪诞的名声传闻天下,他不知道至人把名誉看做是自己的枷锁吧!"老聃说:"为什么不让他明白死与生相同、可与否相通的道理呢?解除他的思想束缚,大概可以了吧?"无趾说:"天惩罚他,怎么可以解除!"

鲁哀公问于仲尼曰:"卫有恶人焉①,曰哀骀它②。丈夫与之处者③,思而不能去也;妇人见之,请于父母曰'与为人妻,宁为夫子妾'者④,十数而未止也。未尝有闻其唱者也⑤,常和人而已矣。无君人之位以济乎人之死,无聚禄以望人之腹⑥,又以恶骇天下,和而不唱,知不出乎四域,且而雌雄合乎前⑦,是必有异乎人者也。寡人召而观之,果以恶骇天下。与寡人处,不至以月数,而寡人有意乎其为人也;不至乎期年,而寡人信之。国无宰,寡人传国焉。闷然而后应,汜然若辞⑧。寡人丑乎,卒授之国。无几何也,去寡人而行。寡人恤焉若有亡也⑨,若无与乐是国也。是何人者也!"

①恶人:容貌丑陋的人。
②哀骀它:虚构的人名。
③丈夫:男人。
④夫子:指哀骀它。

⑤唱：提倡。
⑥望：满。
⑦雌雄：男女。承上文"丈夫"与"妇人"而言。
⑧氾然若辞：氾然，漠不关心的样子。"然"字原缺，据武延绪《庄子札记》之论说补。若辞，像拒绝一样。
⑨恤焉：形容忧虑的样子。

鲁哀公问孔子："卫国有个丑陋的人，叫哀骀它。男子与他相处，思念他而不愿意离去；女子见了他，向父母请求说：'与其当别人的妻，不如做这位先生的妾。'这样的女子不下于十数个。从未听说他倡导什么，他总是附和别人罢了。他没有统治者之位以救人于死亡，没有积聚的钱财去济人于饥饿，而且他面貌丑陋得让天下人害怕，只附和别人而不倡导主张，他的智力并不超脱凡俗，可是男男女女都亲合他，他一定有不同于常人的地方！我召他来看了看，果真丑得让天下人吃惊。他和我在一起，不到一月，我就感到他为人很好；不到一年，我就很信赖他。朝中正无宰相，我就想把国政交给他。他漫不经心，似乎已应承；漠不关心，好像要推辞。我感到很羞惭，最后把国政交付于他。没多久，他离我而去了。我忧心忡忡，怅然若失，就像这个国家再没人能够与我共享快乐了。这是个什么样的人呢？"

仲尼曰："丘也尝使于楚矣，适见豚子食于其死母者。少焉眴若①，皆弃之而走。不见己焉尔，不得类焉尔。所爱其母者，非爱其形也，爱使其形者也。战而死者，其人之葬也不以翣资②；刖者之屦③，无为爱之。皆无其本矣④。为天子之诸御⑤，不爪剪，不穿耳；取妻者止于外，不得复使。形全犹足以为尔⑥，而况全德之人乎！今哀骀它未言而信，无功而亲，使人授己国，唯恐其不受也，是必才全而德不形者也。"

①眴(shùn)若：惊慌的样子。
②翣(shà)资：翣，棺材的装饰品。资，供给。
③刖者之屦：刖者，受过刖刑的人。刖(yuè)，古代砍脚之酷刑。屦(jù)，鞋子。
④本：指事物所从属的本体。
⑤诸御：指嫔妃等侍从人员。
⑥形全：指女不剪指甲、不穿耳孔，男不结婚。

孔子说道："我曾经出使楚国，碰巧看到有小猪在已死的母猪身上吃奶。一会儿，小猪都惊慌地扔下母猪跑了，因为它们发觉母猪不看它们了，好像跟它们不是同类了。小猪之所以爱母亲，并非爱它的形体，爱的是使其形体活动的精神。战斗而死的人，埋葬时无须棺饰；断足之人的鞋，不再被爱惜。都是由于没有了可依的根本！做天子的侍从，女者不剪指甲，不穿耳孔；男者娶妻后就止于外面，不再被役使。形体完整的人尚且能做侍从，更何况德性完美的人呢？现在哀骀它不言不语就获得信任，没有功劳就被亲敬，使人以国事相托，还生怕他不愿接受，这一定是才能全面而德不外露的人！"

哀公曰："何谓才全？"仲尼曰："死生、存亡、穷达、贫富、贤与不肖、毁誉、饥渴、寒暑，是事之变、命之行也。日夜相代乎前，而知不能规乎其始者也①。故不足以滑和②，不可入于灵府。使之和豫，通而不失于兑。使日夜无郤③，而与物为春，是接而生时于心者也④。是之谓才全。""何谓德不形？"曰："平者，水停之盛也。其可以为法也，内保之而外不荡也。德者，成和之修也。德不形者，物不能离也。"

哀公异日以告闵子曰⑤："始也吾以南面而君天下，执民之纪而忧其死，吾自以为至通矣。今吾闻至人之言，恐吾无其实，轻用吾身而亡其国。吾与孔丘，非君臣也，德友而已矣⑥！"

①规：假借为"窥"，观察。
②滑和：滑，扰乱。和，和顺。
③无郤：没有间断。郤，同"隙"。
④生时：生，意思是反映出。时，指四时。
⑤闵子：鲁国人，孔子的弟子，姓闵名损，字子骞。
⑥德友：以德相交的朋友。

哀公问："什么叫才全呢？"孔子说："死生、存亡、穷达、贫富、贤与不肖、毁誉、饥渴、寒暑，这些是事物的变化，是命运的运转，就像眼前日夜的交替，而人的智识是不能窥知它们的开端的。所以，这种种变化不应扰乱了本性的平和，不可侵入我们的心灵。使心灵和顺安逸，与物相通而不外流。使昼夜不断，与万物融融相得，与外物相接而于心中反映出四时的变化。这就叫做才全。"哀公又问："什么叫做德不形呢？"孔子说："平呢，是水最为静止的状态。它能够作为法则，内保平静而外不动荡。德呢，是最和谐的修养状态。所以，道德不显耀于外的，万物就不愿离开它。"

后来某一天，哀公对闵子说道："起初，我当一国之君而治理天下，执掌政权而关心人民的生死，我自认为政通人和了。现在，我聆听了至人的言论，担心我并没有治国忧民的实际，刚愎自用而危亡社稷。我与孔丘，并非君主与臣下，是以德相交的朋友罢了。"

闉跂支离无脤①，说卫灵公，灵公说之②，而视全人，其脰肩肩③。瓮㼜大瘿说齐桓公④，桓公说之，而视全人，其脰肩肩。故德有所长而形有所忘。人不忘其所忘，而忘其所不忘，此谓诚忘。

注释

①闉跂支离无脤：虚构的人名。闉，驼背。跂，指行走时脚跟不着地。无脤，即没有嘴唇。
②说：通"悦"。
③脰(dòu)：颈。
④瓮㼜(àng)大瘿：虚构之人名。其名之取意为：瓦瓮那么大的肿瘤。

译文

闉跂支离无脤去游说卫灵公，卫灵公十分喜欢他。从此以后，卫灵公再看到健全的人，反觉得他们的脖子太细了。瓮㼜大瘿去游说齐桓公，桓公特别喜欢他，从此以后，齐桓公再看到健全的人，反觉得他们的脖子太细了。所以，只要德性非凡，形体上的缺陷就会被人忘记。人们如果不忘掉他们本应该忘掉的，而忘掉他们本不应该忘掉的，这才叫真正的遗忘。

原文

故圣人有所游，而知为孽①，约为胶，德为接②，工为商。圣人不谋，恶用知？不斫③，恶用胶？无丧，恶用德？不货④，恶用商？四者，天鬻也⑤。天鬻者，天食也。既受食于天，又恶用人！有人之形，无人之情。有人之形，故群于人；无人之情，故是非不得于身。眇乎小哉，所以属于人也；謷乎大哉⑥，独成其天。

①知：智谋。
②德：指以小恩小惠收买人心。
③斫(zhuó)：指人为地分开。
④货：卖。
⑤鬻(yù)：养。

⑥螯(áo): 伟大。

所以，圣人悠游自在，智慧是罪孽，盟约是胶着，施恩是交际手段，机巧是商人的行径。圣人不用谋取，哪里还用得着智慧？任其自然，哪里还需要胶着？浑然无缺，哪里还用得着外露的德行？不谋利益，哪里还用得着经商？这四者，皆天之赋予。所谓"天鬻"，就是受自然的饲养哺育。既然是受养育于天，又哪里用得着人为？具有人的形体，但没有人的私情。具有人的形体，所以与众人相处；没有人的私情，所以外界的是是非非都影响不了他。多么渺小啊！那些属于人类的。多么伟大啊！独与自然相浑融！

惠子谓庄子曰："人故无情乎？"庄子曰："然。"惠子曰："人而无情，何以谓之人？"庄子曰："道与之貌①，天与之形，恶得不谓之人？"惠子曰："既谓之人，恶得无情？"庄子曰："是非吾所谓情也②。吾所谓无情者，言人之不以好恶内伤其身，常因自然而不益生也③。"惠子曰："不益生，何以有其身？"庄子曰："道与之貌，天与之形，无以好恶内伤其身。今子外乎子之神，劳乎子之精，倚树而吟，据槁梧而瞑。天选子之形，子以坚白鸣。"

①与：赋予。
②是：指惠子所说的人情。代词。
③因：随顺。

惠子问庄子："人本来是没有感情的吗？"庄子说："对。"惠子问："人如果没有感情，那怎么可以叫做人呢？"庄子答："道赋予人以容貌，天赐予人以形体，怎么不能叫做人呢？"惠子说："既然叫做人了，怎么能没有感情呢？"庄子说："这并非我所说的'情'。我所说的无情，是说人不能以好恶之情去损伤内在的禀性，一切顺乎自然而无须人为地去培养性情。"惠施问："不去人为增益培养，怎么能够保存自身？"庄子说："道赋予人以容貌，天赐予人以形体，不以好恶之情去损伤内在的禀性。而今，您心猿意马，劳神费力，倚于树边而歌，躺于树下则睡。天道给了你形体，你却辩解'坚白'之论，并且以此而自鸣得意！"

大宗师

《大宗师》是内篇中的第六篇。本篇题意为:伟大的宗师。这个伟大的宗师就是"道",是庄子钦赞不已的"古之真人"。"道"无所不在,无所不能,"道"调和万物,惠泽万代,是永恒的、万能的,所以庄子借许由之口赞叹之曰:"吾师乎!吾师乎!"正因为如此,修道方面应该像"真人"那样,认识到"天与人不相胜"的道理,认识到"死生存亡之一体"的道理,做到离形去智,安时处顺,忘却生死,这就进入"古之真人"的精神境界,亦即"道"的境界,天人合一,与自然浑然一体了。本篇选译时有删节。

知天之所为①,知人之所为者,至矣!知天之所为者,天而生也②;知人之所为者,以其知之所知,以养其知之所不知,终其天年而不中道夭者,是知之盛也。虽然,有患。夫知有所待而后当③,其所待者特未定也。庸讵知吾所谓天之非人乎④?所谓人之非天乎?且有真人而后有真知。

①所为:作用。
②天而生:自然地产生。
③当:得当。
④天之非人:天,天然。人,人为。

知道哪些是天然的,知道哪些是人为的,这就是最高境界了。知道天之所为者是出于天然的,知道人之所为者,是用自己的智识所知道的,去保养自己的智识所不知道的,享尽天年而不会中途夭折,这就是智识的最佳境界了。即使如此,仍然存在问题。知识一定要有所依赖的对象,然后才可以判断其正确与否,其所依赖的对象又是变幻莫测的。怎么知道我所说的天然的就不是人为的,所说的人为的就不是天然的呢?其实,先有真人,然后才会有真知。

何谓真人?古之真人,不逆寡,不雄成,不谟士①。若然者,过而弗悔,当而不自得也。若然者,登高不栗,入水不濡②,入火不热,是知之能登假于道者也若此③。

古之真人,其寝不梦,其觉无忧,其食不甘,其息深深。真人之息以踵④,众人之息以喉。屈服者,其嗌言若哇⑤。其耆欲深者⑥,其天机浅。

①谟士:谟,谋。士,假借为"事"。
②濡:沾湿。
③登假:达到,升至。
④息以踵:气功中有所谓"踵息法",特点是运气经涌泉穴而到于脚跟。
⑤嗌(ài)言若哇:嗌,咽喉。哇,阻碍。
⑥耆:通"嗜",嗜欲。

什么是真人呢?古代的真人,不以失败为不顺利,不以成功而自傲逞强,不对事情有所谋划。像这样的人,错过机遇不后悔,一帆风顺也不自鸣得意。像这样的人,登到高处不恐慌,入于水里不觉湿,入于火中不觉热。这只有那智识能够达于大道的人才能够如此。

古代的真人,睡着了从不做梦,醒着从不忧虑,饮食不求美味,他们的呼吸特别深沉。真人用脚后跟来呼吸,常人用喉咙来呼吸。言谈屈从于人的人,说话含混吞吐,好像喉咙被堵塞住。嗜欲很深的人,他那自然的天分就浅薄了。

古之真人,不知说生①,不知恶死。其出不䜣②,其入不距。翛然而往③,翛然而来而已矣。不忘其所始,不求其所终。受而喜之,忘而复之。是之谓不以心捐道,不以人助天,是之谓真人。若然者,其心志④,其容寂,其颡頯⑤。凄然似秋,暖然似春,喜怒通四时,与物有宜而莫知其极。……⑥

①说:通"悦"。
②出不䜣:出,生。与下句"入"相对。䜣,同"欣",欣喜。与下句中"距"(拒)相对。
③翛(xiāo)然:自由自在,无所牵挂。
④志:一说此为"忘"之误。
⑤颡(sǎng)頯(qiú):颡,额。頯,高而宽广。

⑥这里省略了一段文字,依闻一多说,此由别处错入,应该删去。兹录原文如下,以备参读。原文为:"故圣人之用兵也,亡国而不失人心。利泽施乎万世,不为爱人。故乐通物,非圣人也;有亲,非仁也;天时,非贤也;利害不通,非君子也;行名失己,非士也;亡身不真,非役人也。若狐不偕、务光、伯夷、叔齐、箕子、胥馀、纪他、申徒狄,是役人之役,适人之适,而不自适其适者也"。

古代的真人,不知道热爱生命,也不知道害怕死亡。不为出生而欢欣,不为赴死而抗拒。自由自在而来,无所牵挂而去。不忘记他的所从来,不追求他的欲何往。得到所赋予的生命就欣然接受,亡失了生命就复归于天道。忘掉生死,任其自然。这就叫不以心智去损害天道,不以人的作为去辅佐自然。这就叫真人。像这样的人,他的心境忘怀一切,他的容貌静寂安泰,他的额头恢弘宽广。他凄然严肃像霜秋,他暖然温和像阳春,喜怒哀乐像四时阴阳的运行,自然而然。对于万物他都能够适宜顺合,但就是无从知道他的限度。

南伯子葵问乎女偊曰①:"子之年长矣,而色若孺子,何也?"曰:"吾闻道矣。"南伯子葵曰:"道可得学邪?"曰:"恶!恶可!子非其人也。夫卜梁倚有圣人之才而无圣人之道,我有圣人之道而无圣人之才。吾欲以教之,庶几其果为圣人乎!不然,以圣人之道告圣人之才,亦易矣。吾犹守而告之②,参日而后能外天下③;已外天下矣,吾又守之七日,而后能外物;已外物矣,吾又守之九日,而后能外生④;已外生矣,而后能朝彻⑤;朝彻而后能见独;见独而后能无古今;无古今而后能入于不死不生。杀生者不死,生生者不生。其为物无不将也⑥,无不迎也,无不毁也,无不成也。其名为撄宁⑦。撄宁也者,撄而后成者也。"

①南伯子葵:即南伯子綦。女偊(yǔ):得道之人。
②守而告之:据闻一多之说,此句当为"告而守之"。
③外:忘怀,把……置之度外。
④生:借为"性"。心性有是非好恶,不合于天道,自然要排除在外。第一步"外天下",第二步"外物",这是由远而近;第三步"外生",这便由体外而体内了。
⑤朝彻:一旦间豁然开朗。彻,通。
⑥将:送。与下句"迎"字,其义相对。不将不迎,任万物自来自去。
⑦撄:干扰。

南伯子葵问女偊:"您的年龄很大了,可是神色却像小孩子,奥妙在哪里呢?"女偊说:"我悟得了道。"南伯子葵说:"道能够学得到吗?"女偊说:"不!不行,你并非学道之人。卜梁倚不乏圣人的才质却没有圣人的底蕴,我不乏圣人的底蕴却没有圣人的才质。我想以我的圣人之道来教他,或许他真的能够成为圣人吧!即使不能这样,以圣人之道传授于圣人之才,也是容易的。我告诉他,守持三天,而能够忘怀天下;已经忘怀天下了,又守持七天,而能够忘怀万物;已经忘怀万物了,又守持九天,而能够忘怀心性;已经忘怀心性了,而后能够一旦间豁然开朗;一旦间豁然开朗以后就能见常人所不见的境界,从而体悟大道;体悟大道,而后能够超越古与今的时间界限;超越古今界限,而后能够泯灭死生的观念,无所谓死,无所谓生。能够把一切生命之物杀死的,它本身自然不会死;最先产出生命之物的,它本身自然未曾生。道之为物,往者无不送,来者无不迎,一切皆其所毁灭,一切皆其所成全。这就称做'撄宁'。所谓'撄宁',就是说不撄不宁,无乱无静,于万物生灭成毁的纷扰之中保持着宁静自如的心境。"

南伯子葵曰:"子独恶乎闻之?"曰:"闻诸副墨之子①,副墨之子闻诸洛诵之孙②,洛诵之孙闻之瞻明③,瞻明闻之聂许④,聂许闻之需役⑤,需役闻之於讴⑥,於讴闻之玄冥⑦,玄冥闻之参寥⑧,参寥闻之疑始⑨。"

①副墨:意指文字。
②洛诵:意指口诵。
③瞻明:意指目所见。
④聂许:意指耳所闻。
⑤需役:意指所为。
⑥於讴:意指歌谣。
⑦玄冥:意谓渺茫幽寂。
⑧参寥:意谓寥廓无极。
⑨疑始:意谓迷茫之始,似有始而未尝有始。

南伯子葵说:"您从哪里听得道的呢?"女偊说:"我是从副墨的儿子那里听得道的,副墨的儿子是从洛诵的孙子那里听得道的,洛诵的孙子是从瞻明那里听得道的,瞻明是从聂许那里听得道的,聂许是从需役那里听得道的,需役是从於讴那里听得道的,於讴是从玄冥那里听得道的,玄冥是从参寥那里听得道的,参寥是从疑始那里听得道的。"

子祀、子舆、子犁、子来四人相与语曰："孰能以无为首①,以生为脊,以死为尻;孰知死生存亡之一体者,吾与之友矣!"四人相视而笑,莫逆于心②,遂相与为友。俄而子舆有病,子祀往问之。曰:"伟哉,夫造物者将以予为此拘拘也③。"曲偻发背④,上有五管⑤,颐隐于齐,肩高于顶,句赘指天⑥,阴阳之气有沴⑦,其心闲而无事。跰𨇤而鉴于井⑧,曰:"嗟乎!夫造物者又将以予为此拘拘也。"

①以无为首:"无",与下文的"生""死",是三位一体的,犹如"首"与"脊""尻"三者同为一体一样,区别在于顺序有异而已。
②莫逆于心:内心相契合,都感到顺心。
③拘拘:屈曲不伸的样子。
④曲偻:鸡胸驼背。
⑤五管:五脏脉管。
⑥句赘:颈椎。
⑦沴:凌乱,指气不和顺,阴阳之气失调。
⑧跰𨇤(piánxiān):犹"蹒跚"。

子祀、子舆、子犁、子来四个人一起相互谈话,道:"谁能以'无'为脑袋,以'生'为脊柱,以'死'为屁股,而且知道死生存亡原本一体的道理,我跟他交朋友。"四人语毕,相视而笑,默契无间而顺心,于是互相做了朋友。不久子舆生病,子祀前往探视。子舆说:"伟大啊,造物主把我变做如此一个屈曲拘挛的人!"子舆鸡胸驼背,五脏脉管在上,面部隐于肚脐之下,肩膀高出头顶,颈椎朝天。虽然阴阳之气紊乱失调,但他安逸悠闲,若无其事。他蹒跚着来到井边,照见了自己的形象,说:"唉!造物主又把我变做这副麻花模样了吧!"

子祀曰:"女恶之乎?"曰:"亡,予何恶!浸假而化予之左臂以为鸡①,予因以求时夜②;浸假而化予之右臂以为弹,予因以求鸮炙;浸假而化予之尻以为轮③,以神为马,予因以乘之,岂更驾哉④!且夫得者,时也;失者,顺也。安时而处顺,哀乐不能入也,此古之所谓县解也。而不能自解者,物有结之⑤。且夫物不胜天久矣,吾又何恶焉!"

①浸假:渐至。
②时夜:即"司夜",指鸡鸣报晓。
③轮:这里代指车。
④驾:车辆。
⑤物有结之:为外物所缠绕束缚。物,即万物,包括人事。

子祀问:"你厌恶这样吗?"子舆说:"不!我为什么要厌恶呢?如果造物主渐渐地把我的左臂变做鸡,我就要以此来司晨报晓;如果渐渐地把我的右臂变做弹丸,我就借此去打了鸟烤着吃;如果渐渐地把我的屁股变做车了,把我的精灵变做马,我就正好乘坐它,哪里还需要另驾车马呢?况且所谓得,乃是适时而成的结果;所谓失,乃是应运而去的趋势。能够安心适时、顺应世运变化的人,哀与乐不会入于心中,这就是古语所说的解除倒悬。不能够自我解脱的人,是被外物缠缚住了。自古而来,人不胜天,我又为什么要厌恶呢?"

俄而子来有病,喘喘然将死,其妻子环而泣之①。子犁往问之,曰:"叱!避!无怛化②!"倚其户与之语曰:"伟哉造化!又将奚以汝为③,将奚以汝适?以汝为鼠肝乎?以汝为虫臂乎?"子来曰:"父母于子,东西南北,唯命之从。阴阳于人,不翅于父母④。彼近吾死而我不听,我则悍矣,彼何罪焉!夫大块载我以形,劳我以生,佚我以老,息我以死。故善吾生者,乃所以善吾死也。今大冶铸金⑤,金踊跃曰:'我且必为镆铘⑥!'大冶必以为不祥之金。今一犯人之形⑦,而曰:'人耳人耳'!夫造化者必以为不祥之人。今一以天地为大炉,以造化为大冶,恶乎往而不可哉!"成然寐,蘧然觉。

①环:围绕。
②无怛(dá)化:意思是不要伤感于即将发生巨大变化的人。怛,忧伤、悲苦。
③奚:何。
④不翅:同不啻,无异于。
⑤冶:铁匠。
⑥镆铘:宝剑名。

⑦犯:通"范",铸造。

不久子来生病了,气喘吁吁好像就要死了,他的老婆孩子都围着哭泣。子犁前往探病,说:"嘿!一边去!不要伤感于即将发生巨大变化的人!"他靠着门对子来说:"伟大啊,造物主!又将要把你变做什么呢?要将你送往哪儿去呢?要将你变成老鼠的肝脏吗?要将你变做昆虫的臂膀吗?"子来说:"儿女对于父母,无论东南西北,都要唯命是从。阴阳对于人而言,无异于父母!它要我走近死神,我如果不听从,我就是大逆不道,它有什么过错呢!造化给我以形体,用生活使我辛劳,用衰老使我安逸,用死亡使我安息。因而以生存为安乐之事的,也正是以死亡为安乐之事啊。现在有一个铁匠正铸造器物,那金属突然跳起来说:'一定要把我铸成镆铘之剑!'铁匠一定会认为这是不祥的金属。现在一旦间人之形体铸成,就大喊:'我是人!我是人!'造物主必定会认为此乃不祥之人。现在一旦以天地为大熔炉,以造物主为大铁匠,那么被如何锻造,送往哪里有什么不可以呢!"子来言毕呼呼大睡,一会儿又悠然而醒。

子桑户、孟子反、子琴张三人相与友曰①:"孰能相与于无相与②,相为于无相为?孰能登天游雾,挠挑无极③,相忘以生,无所终穷④?"三人相视而笑,莫逆于心。遂相与为友。

①友:相与交友。
②相与于无相与:意思是相交于无所谓相交的状态,亦即"君子之交淡如水"之义。
③挠挑:此谓循环往复。
④终穷:指死。

子桑户、孟子反、子琴张三人相与为友,说:"谁能相交于无所谓相交的状态,相助于无所谓相助的状态呢?谁能腾云驾雾,悠游于绝对自由的境界,无所谓生,无所谓死呢?"三人相视而笑,契合无间顺于心,于是相互成了朋友。

莫然有间①,而子桑户死,未葬。孔子闻之,使子贡往侍事焉②。或编曲③,或鼓琴,相和而歌曰:"嗟来桑户乎!嗟来桑户乎!而已反其真④,而我犹为人猗!"子贡趋而进曰:"敢问临尸而歌⑤,礼乎?"二人相视而笑曰:"是恶知礼意!"子贡反,以告孔子曰:"彼何人者邪?修行无有而外其形骸,临尸而歌,颜色不变,无以命之⑥。彼何人者邪?"孔子曰:"彼游方之外者也⑦,而丘游方之内者也。外内不相及,而丘使女往吊之,丘则陋矣!彼方且与造物者为人⑧,而游乎天地之一气。彼以生为附赘县疣⑨,以死为决㽔溃痈⑩。夫若然者,又恶知死生先后之所在!假于异物⑪,托于同体;忘其肝胆,遗其耳目;反复终始⑫,不知端倪;芒然仿徨乎尘垢之外,逍遥乎无为之业。彼又恶能愦愦然为世俗之礼⑬,以观众人之耳目哉⑭!"

①莫然有间:寂然无言,顷刻之间。
②侍事:指协办丧事。
③编曲:编作挽歌。
④而:尔,你。反其真:返归本真,指死亡。反,通"返"。
⑤临尸:对着尸体。
⑥命:命名,形容。
⑦游方之外:遨游于尘世之外,即出世。下文"游方之内",即入世。方,六方,方域,即尘世。
⑧为人:犹为偶,为伴。人,偶。
⑨附赘县疣:人体上多生的肿瘤。县,通"悬"。
⑩决㽔溃痈:决,溃烂,破溃淌脓。痈疽,指毒疮之类。
⑪假:此与下一句中的"托",都可以解释为"寄托"。
⑫反复终始:指生死变化如循环往复,周而复始。
⑬愦愦然:昏乱糊涂。
⑭观:炫耀,被示于。

其后不久,子桑户死了,还没有下葬。孔子听说了,派子贡前去帮着料理丧事。孟子反、子琴张二人,一个编歌作曲,一个抚琴弹奏。二人合唱道:"哎呀桑户啊!哎呀桑户啊!你已经回归本真了,而我们还托身于人间!"子贡上前问道:"请问对着尸体而弹琴唱歌,合于礼法吗?"二人相视而笑,说:"他如何知道礼法的真意!"子贡回去了,把这事告诉了孔子。子贡说:"他们都是些什么人哪?没有礼法修养,把自身形体置之度外,对着尸体弹唱,面色不改,简直莫名其妙!那都是些什么人哪!"孔子说:"他们是遨游于尘世之外的人,而我是游于尘世之内的人。尘世之外和尘世之内互不相干,可我还让你去祭吊,我也太浅陋了!他们正与造物主为友做伴,遨游于天地自然之气中。他们把生看做是可恶的负担,把死看做是解除这可恶负担的快事。既然如此,又如何知道死与生孰先孰后呢?托命于不同的物质,寄身于相同的形体;遗忘肝胆,遗忘耳目;循环往复,周而复始,不追问源头,不留心分界。一无牵挂地悠游于尘世之外,自在逍遥于无为之境。他们又怎么能昏昏然拘守世俗之礼以示于众人之耳目呢?"

原文

子贡曰:"然则夫子何方之依①?"孔子曰:"丘,天之戮民也。虽然,吾与汝共之②。"子贡曰:"敢问其方?"孔子曰:"鱼相造乎水,人相造乎道。相造乎水者,穿池而养给;相造乎道者,无事而生定③。故曰:鱼相忘乎江湖,人相忘乎道术。"子贡曰:"敢问畸人④。"曰:"畸人者,畸于人而侔于天⑤。故曰:天之小人,人之君子;人之君子,天之小人也。"

注释

①依:依从,选择。
②共之:指向往方外之道。共,通"拱",向。
③生定:谓心性恬淡虚静,不为爱憎、是非所动。生,通"性"。
④畸(jī)人:异人,不平常的人。
⑤侔(móu)于天:与天齐一。侔,齐。

译文

子贡说:"那么先生您选择哪一方?"孔子说:"我呢,是受天惩罚的人。尽管这样,我与你还是向往方外之道。"子贡说:"请问有什么途径?"孔子说:"鱼相得于水,人相得于道。相得于水的,挖个池子就足以养其身了;相得于道的,安然虚无而心性自适。所以说,鱼畅游于江湖便忘了一切,人悠游于道途便忘了一切。"子贡说:"请问那些不合礼法的异人是些什么人?"孔子说:"那些异人呢,异于尘俗而合于自然。所以说,世外的小人,是人间的君子;人间的君子,是世外的小人。"

原文

颜回问仲尼曰:"孟孙才,其母死,哭泣无涕,中心不戚,居丧不哀。无是三者①,以善处丧盖鲁国②,固有无其实而得其名者乎?回壹怪之③。"仲尼曰:"夫孟孙氏尽之矣,进于知矣。唯简之而不得,夫已有所简矣。孟孙氏不知所以生,不知所以死。不知就先④,不知就后。若化为物,以待其所不知之化已乎。且方将化,恶知不化哉?方将不化,恶知已化哉?吾特与汝,其梦未始觉者邪!且彼有骇形而无损心,有旦宅而无情死。孟孙氏特觉,人哭亦哭,是自其所以乃⑤。且也相与'吾之'耳矣⑥,庸讵知吾所谓'吾之'乎?且汝梦为鸟而厉乎天⑦,梦为鱼而没于渊,不识今之言者⑧，其觉者乎？其梦者乎？造适不及笑⑨，献笑不及排⑩。安排而去化，乃入于寥天一。"

①三者：指上三句所说的"哭泣无涕""中心不戚"和"居丧不哀"。
②处丧：守丧。
③壹：确实，实在。
④就：一说此"就"字与下句中的"就"皆当为"孰"字。
⑤乃：如此。
⑥相与"吾之"：相互说"我啊我"。
⑦厉：奋飞。
⑧今之言者：孔子自指。
⑨造适：造，至。适，适意。
⑩献笑不及排：献，发。排，谓人为的安排。

译文

颜渊问孔子："孟孙才这个人，他母亲死了的时候，虽哭泣却没有眼泪，心中并不痛苦，居丧不尽哀。该做到的三个方面他都没有做到，竟然还以善居丧而驰名于鲁国。真的有并无其实而获得虚名这样的事儿吗？对于这件事儿，我觉得特别奇怪。"孔子说："孟孙氏的居丧之道已经做得很彻底了，并且远远胜过那些懂得丧礼的人了。丧事应当从简，只因俗礼相承而难以做到，但孟孙氏已经有所简化了。孟孙氏不知道生是什么、死是什么；也不知道生与死孰先孰后；他顺其自然，以应付那未可知的变化罢了。况且将要变化，如何知道那不变化的情形呢？还未曾变化，如何知道那已变化的情形呢？我与你只是在梦乡之中还未曾觉醒啊！对孟孙氏而言，他认为人只有躯体的变异而没有心神的损伤，有形骸的转化而没有精神的死亡。孟孙氏乃独醒之人，只是觉得别人哭他也随着哭，这就是他哭泣无泪、中心不戚、居丧不哀的原因了。世人都在说着'我啊我'，然而何从知道就真的是所谓的我呢？再说，你梦中化为鸟而奋飞云天，梦中化为鱼而潜游深水，如何知道正在谈话的我是觉醒者呢，还是梦中人呢？顿时开心而未及露出笑容，开怀而笑却没有在意表情。听任自然的安排而随行变化，就可以进入虚静寂寥的至极之境。"

意而子见许由①。许由曰："尧何以资汝②？"意而子曰："尧谓我：'汝必躬服仁义而明言是非。'"许由曰："而奚来为轵③？夫尧既已黥汝以仁义，而劓汝以是非矣，汝将何以游夫遥荡恣睢转徙之涂乎④？"

①意而子：虚构的人名。
②资：送给，教导。
③奚：同"只"，语气词。
④转徙：流变，变化。

意而子往见许由。许由说："尧教你什么呢？"意而子说："尧跟我说：'你一定要实践仁义而明辨是非。'"许由说："你来这儿干什么呢？尧既然已经用仁义刻画了你，用是非改造了你，你又如何遨游于逍遥纵荡、任心自由、变化无穷的境地呢？"

意而子曰："虽然，吾愿游于其藩①。"许由曰："不然。夫盲者无以与乎眉目颜色之好②，瞽者无以与乎青黄黼黻之观。"意而子曰："夫无庄之失其美③，据梁之失其力④，黄帝之亡其知，皆在炉捶之间耳。庸讵知夫造物者之不息我黥而补我劓⑤，使我乘成以随先生邪⑥？"许由曰："噫！未可知也。我为汝言其大略：吾师乎⑦！吾师乎！齑万物而不为义⑧，泽及万世而不为仁，长于上古而不为老，覆载天地、刻雕众形而不为巧。此所游已！"

①藩：领域。指"遥荡恣睢转徙之涂"。
②与：参与。
③无庄：古代美人。此与"据梁"一样，都是虚构的人名。
④据梁：古人力士。
⑤息：生，这里意思是再生。
⑥成：全，完整。
⑦吾师：这里指天道。
⑧齑(jī)：调和。

意而子说："尽管如此，我还是希望能够游遨于这个境界。"许由说："不行，眼瞎的人没法跟他共同欣赏眉目容颜的美好，也没法跟他共同欣赏五色锦绣的美丽。"意而子说："美人无庄忘记了自己的美丽，力士：据梁忘却了自己的力气，圣君黄帝忘记了自己的聪明，都是天然陶炼而成的。怎么知道造物主就不会平复我黥刑的伤疤、修补我劓刑的残缺,使我形体复原以跟从您呢?"许由说:"唉!这是不可知的呀!我给你说说大概吧:我的大宗师啊!我的大宗师!调和万物而不以为义,泽及万代却不以为仁,长于上古但不算老,天覆地载、塑造出万有之种种形态竟不显露其慧巧。这是神游的境界啊!"

【原文】

颜回曰:"回益矣①。"仲尼曰:"何谓也?"曰:"回忘仁义矣。"曰:"可矣,犹未也。"他日复见,曰:"回益矣。"曰:"何谓也?"曰:"回忘礼乐矣!"曰:"可矣,犹未也。"他日复见,曰:"回益矣。"曰:"何谓也?"曰:"回坐忘矣②。"仲尼蹴然曰③:"何谓坐忘?"颜回曰:"堕肢体④,黜聪明⑤,离形去知⑥,同于大通⑦,此谓坐忘。"仲尼曰:"同则无好也⑧,化则无常也⑨。而果其贤乎!丘也请从后也。"

【注释】

①益:进步。
②坐忘:静坐而心亡。坐忘是庄子求道的方法和得道的境界。
③蹴(cù)然:惊异、惊奇的样子。
④堕(huī):通"隳",废。
⑤黜:废除。
⑥去知:除去心智。
⑦大通:指大道。
⑧好:偏好,偏爱。
⑨常:指执著而不变通。

【译文】

颜渊说:"我进步了!"孔子问:"怎么个进步呢?"颜渊说:"我忘掉了仁义!"孔子说:"可以了,但仍然不够。"过了几天,颜渊说:"我进步了!"孔子问:"怎么个进步呀?"颜渊说:"我忘掉了礼乐!"孔子说:"可以了,但仍然不够。"过了几天,颜渊说:"我进步了!"孔子问:"怎么个进步呢?"颜渊说:"我已经坐忘了!"孔子惊异地问:"什么叫坐忘?"颜渊说:"忘却了肢体的存在,废黜了聪明,抛弃了形骸,去掉了智慧,与自然大道浑融为一,这就叫坐忘。"孔子说:"与万物同一就没有偏爱,因顺万物变化就没有偏执。你果真是贤人啊,我愿意步你的后尘!"

【原文】

子舆与子桑友。而霖雨十日①,子舆曰:"子桑殆病矣②!"裹饭而往食之。至子桑之门,则若歌若哭,鼓琴曰:"父邪!母邪!天乎!人乎!"

有不任其声而趋举其诗焉③。子舆入,曰:"子之歌诗,何故若是?"曰:"吾思夫使我至此极者而弗得也④。父母岂欲吾贫哉?天无私覆,地无私载,天地岂私贫我哉?求其为之者而不得也⑤!然而至此极者,命也夫!"

①霖雨:久下不停的雨。

②病:这里指饥饿。

③不任其声:形容声嘶力竭、疲惫微弱的情形。不任,不胜,不堪。趋举其诗:诗句急促,不成韵调。趋,通"促"。

④极:这里指穷困的绝境。

⑤为之者:与上文"使我至此极者"意思相同,指之所以贫病的原因。

　　子舆和子桑是好朋友。大雨一连下了十天,子舆说:"子桑大概要饿病了。"于是拿上饭送给他吃。一到子桑门口,就听到了既像唱歌又像哭泣的声音,听见了伴随琴声而起的歌唱:"父亲啊!母亲啊!天哪!人哪!"唱得声嘶力竭,疲惫而微弱,诗句急促,不成韵调。子舆进屋,问子桑道:"你唱歌诵诗,怎么是这样的调子?"子桑说:"我在思索使我贫困到这般绝境的根源而百思不得其解。父母难道要我贫困吗?天无所偏爱地覆盖一切,地无所偏私地承载万物,天与地怎么会偏心让我贫困呢?追问使我贫困的根源而弄不明白啊!然而我窘困到如此绝境,大概是命吧!"

应帝王

　　《应帝王》是内篇中的第七篇。本篇题意为:应答有关帝王治天下的问题。那么应该怎样做才能够治理天下呢?庄子借"无名人"之口回答说:"汝游心于淡,合气于漠,顺物自然而无容私焉,而天下治矣。"庄子认为,君人者应该因顺万物的本性,去除私心成见。其用心当如镜子一般,物有去来而镜子却不迎不送,来者必照,必无隐藏。要像明王治理天下那样:功大盖世却似乎与己无关,化育了万物而人民还未觉察;功德虽大却不可名状,万物因此各得其所;立身神妙莫测,悠游于无有而无不有的境界。一言以蔽之,帝王治天下的理想境界便是:无为而无不为。

　　啮缺问于王倪,四问而四不知。啮缺因跃而大喜,行以告蒲衣子①。

蒲衣子曰："而乃今知之乎②？有虞氏不及泰氏③。有虞氏其犹藏仁以要人④，亦得人矣，而未始出于非人⑤。泰氏其卧徐徐，其觉于于⑥。一以己为马，一以己为牛。其知情信，其德甚真，而未始入于非人。"

①蒲衣子：传说是尧时人，王倪之师。
②而：你。
③有虞氏不及泰氏：有虞氏，即帝舜。泰氏，即伏羲氏。
④要：笼络。
⑤非人：指外物。
⑥于于：木然无知的样子。

啮缺向王倪提问，问了四次，四次的回答都是不知道。啮缺因而跳了起来，十分兴奋，赶忙去告诉蒲衣子。蒲衣子说："你现在知道了吧？有虞氏比不上泰氏。有虞氏总要标榜仁义以笼络人心，也算能得人心，然而还未能超脱外物的牵累。泰氏睡觉时安闲自得，醒着时木然无知；完全任由人称他为马，完全任由人称他为牛；他的智识诚信笃实，他的德性真朴信实，而从来没有陷入外物的牵累。"

肩吾见狂接舆。狂接舆曰："日中始何以语女①？"肩吾曰："告我：君人者以己出经式义度②，人孰敢不听而化诸③！"狂接舆曰："是欺德也。其于治天下也，犹涉海凿河而使蚊负山也。夫圣人之治也，治外乎？正而后行④，确乎能其事者而已矣⑤。且鸟高飞以避矰弋之害⑥，鼷鼠深穴乎神丘之下以避熏凿之患⑦，而曾二虫之无知⑧？"

①日中始：假设的人名。
②经式义度：经，法典。式，规矩。义，礼法。度，准则。
③化：接受教化。
④行：推行。
⑤确：确定。
⑥矰弋(zēng yì)：矰，系有丝绳以射飞禽的短箭。弋，以丝绳系住箭来射鸟。
⑦神丘：社坛。熏凿：熏，用烟熏。凿，刨挖。
⑧无知：有学者认为，"无知"当是"无如"之误。

译文

　　肩吾去见狂接舆。狂接舆问:"日中始对你说什么了?"肩吾说:"他告诉我,做君主的凭个人的意志制定法律,人民谁敢不服从驯化呢?"狂接舆说:"这是道德欺骗。他这样治理天下,犹如在海里开河,让蚊子去背负山峰一样。圣人治理天下,是治外表吗?圣人是先端正自己而后去推行,任人各尽所能就是了。况且鸟儿也懂得高飞以避网罗弓箭之祸害,鼷鼠也懂得深挖洞穴藏身社坛之下以避烟熏镐刨之灾难,难道人还比不上这两种虫子吗?"

原文

　　天根游于殷阳①,至蓼水之上,适遭无名人而问焉②,曰:"请问为天下。"无名人曰:"去!汝鄙人也,何问之不豫也③!予方将与造物者为人,厌④,则又乘夫莽眇之鸟,以出六极之外,而游无何有之乡,以处圹埌之野⑤。汝又何帠以治天下感予之心为⑥?"又复问,无名人曰:"汝游心于淡,合气于漠,顺物自然而无容私焉,而天下治矣。"

①天根:虚构的人名。
②无名人:虚构的人名。
③豫:假借为"娱",快乐。
④厌:厌烦。
⑤圹埌(kuàng làng):空荡广阔。
⑥帠:即"吒"的本字,梦话。

译文

　　天根在殷阳游历,来到蓼水边,碰巧遇到了无名人,于是问他:"请问如何治理天下?"无名人说:"走开!你这鄙陋的人!怎么问出这样令人不愉快的问题?我正要跟造物主去交游。一旦厌烦了,就骑乘着那莽眇之鸟,飞出六合之外,而漫游于无何有之乡,栖身空荡辽阔的旷野。你又干吗梦吒似的拿治理天下的梦话来扰烦我的心呢?"天根再问,无名人说:"你悠游于恬淡之乡,合气于漠然之境,因顺万物的本性,去除私心成见,天下就治理好了。"

原文

　　阳子居见老聃,曰:"有人于此,向疾强梁①,物彻疏明,学道不勤②。如是者,可比明王乎?"老聃曰:"是於圣人也③?胥易技系④,劳形怵心者也。且也虎豹之文来田⑤,猨狙之便来藉⑥。如是者,可比明王乎?"

阳子居蹴然曰："敢问明王之治。"老聃曰："明王之治，功盖天下而似不自己⑦，化贷万物而民弗恃⑧。有莫举名⑨，使物自喜；立乎不测，而游于无有者也。"

① 向疾：像回音一样快速。向，通"响"，回音。
② 勑：同"倦"。
③ 於：通"乌"，何。疑问词。
④ 胥易：胥，有才智的役吏。易，主占卜的职官。
⑤ 来田：来，招致。田，通"畋"，畋猎。
⑥ 猨狙之便来藉：便，敏捷。藉，拴缚。"来藉"前原有"执斄之狗"四字，有学者认为此四字或因《天地》篇中文字窜入，故当删去。
⑦ 不自己：不归功于自己。自，由于，出自。
⑧ 贷：施惠，恩赐。
⑨ 举名：举，称说。名，形容。

阳子居去见老聃，说："现在有这样一个人，敏捷刚强，洞察事理，学道勤勉。像这样的人，可以相比于明圣之王吗？"老聃说："这些人哪能算得上是圣人呢？像胥吏易官之类，都被束缚于技能，实在是劳形苦志啊。况且，虎豹由于皮毛花纹美丽而招人畋猎，猿猴由于行动敏捷而招人耍弄。诸如此类，可以相比于明圣之王吗？"阳子居惭愧地说："那么请问明王治理天下的方法？"老聃说："明王治理天下，功大盖世却好像与己无干，化育了万物而人民还未能觉察。他功德虽大却不可名状，万物因此各得其所；他立身神妙莫测，悠游于无有而无不有的境界。"

郑有神巫曰季咸①，知人之死生、存亡、祸福、寿夭，期以岁月旬日若神②。郑人见之，皆弃而走③。列子见之而心醉，归，以告壶子④，曰："始吾以夫子之道为至矣，则又有至焉者矣。"壶子曰："吾与汝既其文⑤，未既其实，而固得道与⑥？众雌而无雄，而又奚卵焉！而以道与世亢⑦，必信⑧，夫故使人得而相汝。尝试与来⑨，以予示之。"

① 神巫：神灵的巫祝。
② 期：约，预言时间或日期。
③ 弃而走：回避他而快步走开。意思是担心他预言死期之类的灾祸事。
④ 壶子：郑国人，名林，号壶子，是列子的老师。

⑤吾与汝既其文：与，授予。文，表面。
⑥而固得道与：而，你。与，通"欤"。
⑦亢：通"抗"，较量。
⑧信：通"伸"，表露自己。
⑨与来：此谓把季咸带来。

郑国有一个神灵的巫祝叫季咸，能够测知人的死生、存亡、祸福、寿夭，预言的时间或日期准确如神。郑国的人见了他，都回避他而快步走开。列子见了为之心醉神往，回来告诉老师壶子说："原先我认为先生您的道是登峰造极的了，现在看来又有比您的道更高的人了。"壶子说："我所传授给你的都是道的名相，还未曾涉及道的实质，你这就自以为得道了吗？雌性鸟禽一大群，却没有一只雄性的，又哪能产卵呢？你以你的皮相之道与世俗人较量，必然会表露出自己，所以这便让人看破了你的心理。你试着把神巫季咸带来，让他看看我的相。"

明日，列子与之见壶子。出而谓列子曰："嘻！子之先生死矣！弗活矣！不以旬数矣①！吾见怪焉②，见湿灰焉③。"列子入，泣涕沾襟以告壶子。壶子曰："乡吾示之以地文④，萌乎不震不正⑤，是殆见吾杜德机也⑥。尝又与来。"明日，又与之见壶子。出而谓列子曰："幸矣！子之先生遇我也，有瘳矣！全然有生矣！吾见其杜权矣⑦！"列子入，以告壶子。壶子曰："乡吾示之以天壤，名实不入，而机发于踵。是殆见吾善者机也⑧。尝又与来。"明日，又与之见壶子。出而谓列子曰："子之先生不齐⑨，吾无得而相焉。试齐，且复相之。"列子入，以告壶子。壶子曰："吾乡示之以太冲莫胜⑩，是殆见吾衡气机也⑪。鲵桓之审为渊⑫，止水之审为渊，流水之审为渊。渊有九名，此处三焉。尝又与来。"明日，又与之见壶子。立未定，自失而走。壶子曰："追之！"列子追之不及。反，以报壶子曰："已灭矣，已失矣，吾弗及已。"壶子曰："乡吾示之以未始出吾宗⑬。吾与之虚而委蛇，不知其谁何，因以为弟靡，因以为波流，故逃也。"然后列子自以为未始学而归。三年不出，为其妻爨，食豕如食人⑭，于事无与亲。雕琢复朴，块然独以其形立⑮，纷而封哉⑯，一以是终。

①不以旬数：不必以"旬"为单位来计数。意思是活不过十天就会死的。

②怪：怪异之相。
③湿灰：象征死亡。湿灰是不能复燃的灰，是死灰。
④乡吾示之以地文：乡，亦作"向"，刚才。地文，大地阴静不动之象，形容寂然入静的心境。此与下文的"天壤""太冲莫胜""未始出吾宗"，表示入静、运气、守气、忘我等宁神运气过程中的不同阶段。
⑤萌乎不震不正：形容动中有静的状态。震，动。正，一本作"止"。
⑥杜德机：杜，闭塞。德机，即生机。入静时，气息非常平静，似乎闭塞住了。
⑦杜权：闭塞而有变化。
⑧善：指气有转机。
⑨不齐：谓变幻不定。
⑩太冲莫胜：阴阳之气调和的状态。
⑪衡气机：守气平静的状态。衡，平。
⑫鲵(ní)桓之审：沉静的水中有小鱼的微动。比喻静中有动的状态。鲵，小鱼。桓，盘桓。审，意谓"沉静"。
⑬吾宗：这里指天，指自然大道。《庄子·天下》曰："以天为宗。"
⑭食豕：喂猪。
⑮块然：像土块那样。形容木然无知无识。
⑯纷而封：纷，指世事纷纭。封，指列子封闭自己。

第二天，列子带着季咸来见壶子。季咸出门后对列子说："嘿！你的老师快死了！活不了啦！活不过十天了！我看见他气色怪异，像是见了湿灰了。"列子进屋，满脸泪水，将季咸所言告诉壶子。壶子说："刚才我给他看的是地文之相，寂然阴静，不动不止，他所见的是我闭塞生机的入静状态。你试着再把他请来看看！"一天以后，列子带着季咸来见壶子。季咸出门后对列子说："幸亏你的老师碰上了我！有救了！全然有生机了！我看到他闭塞的生机已有变化了！"列子进屋，将季咸所言告诉壶子。壶子说："刚才我给他看的是天壤之相，没有杂念，气神相合，一线生机自脚跟生起。他刚才所见的是我名实不入时的运气状态。你试着再把他请来看看！"一天以后，列子又带着季咸来见壶子。季咸出门后对列子说："你的老师精神恍惚，我没法给他看相。等等吧，待他心神安宁了，我再给他看相。"列子进屋，将季咸所言告诉壶子。壶子说："刚才我给他看的是太冲莫胜之相，阴阳调和，无迹可稽。他所见的是我气息恒定的守气状态。小鱼微动之沉静成为深渊，水归静止之沉静成为深渊，流水荡漾之沉静成为深渊。渊有九种状态，我展示给他的只是其中的三种。你试着再把他请来看看！"一天以后，列子又带着季咸来见壶子。季咸还未站定，就惊慌失色地溜走了。壶子说："追上他！"列子没能追上神巫季咸，回来禀告壶子道："早跑得没影儿了！影子都找不见了！我没追上他。"壶子说："我刚才给他看的是未始出吾宗之相，虚而集道，以天为宗。我与他敷衍应付，令他捉摸不透，随顺变幻，似草顺风披靡，似水随波逐流，因此他被吓跑了。"经历了这件事，列子明白了自己其实并没有学会什么。于是他回家，闭门三年，足不出户，替他的老婆烧火、煮饭、喂猪，就像侍候人似的。待人接物不偏私，不固执；遗落浮华,返璞归真,木然不知,藏拙守讷,在纷乱的尘俗中自我封闭,一直以此终生。

【原文】

无为名尸①,无为谋府,无为事任,无为知主②。体尽无穷,而游无朕③。尽其所受乎天而无见得,亦虚而已!至人之用心若镜,不将不迎,应而不藏④,故能胜物而不伤。

【注释】

①名尸:名誉的主人。尸,主。
②知主:智慧的主宰。
③无朕:无迹。朕,兆,迹。
④应而不藏:应,反应,映照。不藏,于心中不留痕迹。

【译文】

不要做功名的承当者,不要充当智囊人物,不要勉强承担事务,不要主于智巧。与万物浑然为一,神游于虚静无迹的境界。尽其禀受于自然的品性而不自我矜夸,这也是虚无空明的境地。至人的用心犹如镜子,物有去来而镜无迎将,来者必照,必无隐藏。所以,圣人能够胜物,而不被物所损伤。

【原文】

南海之帝为儵①,北海之帝为忽,中央之帝为浑沌。儵与忽时相与遇于浑沌之地,浑沌待之甚善。儵与忽谋报浑沌之德②,曰:"人皆有七窍以视听食息③。此独无有,尝试凿之。"日凿一窍,七日而浑沌死。

【注释】

①儵(shū):此与"忽""浑沌",均为虚设的名字。南朝梁代简文帝说:"'儵''忽'取神速为名,'浑沌'以合和为貌。神速譬有为,合和譬无为。"
②报:报答。
③七窍:指一口、二耳、双眼、两鼻孔。

【译文】

南海的帝王叫做儵,北海的帝王叫做忽,中央之地的帝王叫做浑沌。儵和忽不时地一起聚会于浑沌之境地中,浑沌待他们很好。儵和忽商量着要报答浑沌的恩惠,说:"人人都有眼耳口鼻七窍,用来看、听、吃、呼吸。他偏偏没有,我们试着给他凿上七窍吧!"他们每日给浑沌凿出一窍。时过七天,浑沌死了。

◎外 篇

骈拇

《庄子》之外、杂篇，大多取篇首的两个字或三个字作为篇名，其与内篇的命题模式迥然不同，值得注意。外篇共十五篇，这里选取了其中的九篇。

《骈拇》是外篇中的第一篇。本篇取首二字为题目。骈拇，谓脚之拇指与第二指并合成连体状。作者认为，骈拇也好，枝指也好，附赘悬疣也好，对于人之形体本然而言，都是多余之物。然而标榜仁、义、礼、智、信，只能"使天下惑"，其实并非真正的道德，而同样是多余之物。世俗还有所谓的"君子"与"小人"之分，然而君子为名，小人为利，就以身而殉外物这一点来看，两者都"残生伤性"，未合于人性之本然，也不足取。换言之，"为仁义之操"与"为淫僻之行"，都不足取。一句话，有为不如无为。这是本篇的主题。

骈拇枝指出乎性哉①！而侈于德②。附赘县疣出乎形哉！而侈于性。多方乎仁义而用之者，列于五藏哉③，而非道德之正也。是故骈于足者，连无用之肉也；枝于手者，树无用之指也；多方骈枝于五藏之情者，淫僻于仁义之行④，而多方于聪明之用也。

①骈拇枝指：骈拇，拇指和第二指成连体状。枝指，拇指旁生出的小指。骈，并。
②侈：多馀。
③列于五藏：据《内经》所说，即仁配肝，礼配心，信配脾，义配肺，智配肾。
④行：道路。

连体的两趾与歧生的小指是出于天然的啊！可它却是多馀的，超出了常人之所得的本然。附生的肉瘤是从形体上长出的啊！然而它却违背了人的自然的本体，是多馀的。想方设法，节外生枝地用仁义来配上五脏，然而这些并非真正的道德。所以说并生在脚上的，是连了一块无用之肉；歧生在手上的，是有了一根无用之指；想方设法附加于五脏上的，过分标榜仁义之道的，是各种聪明的滥用。

是故骈于明者①，乱五色②，淫文章③，青黄黼黻之煌煌，非乎？而离朱是已④！多于聪者，乱五声⑤，淫六律⑥，金石丝竹黄钟大吕之声，非乎？而师旷是已！枝于仁者，擢德塞性以收名声，使天下簧鼓以奉不及之法，非乎⑦？而曾史是已⑧！骈于辩者，累瓦、结绳窜句⑨，游心于坚白同异之间，而敝跬誉无用之言，非乎？而杨、墨是已！故此皆多骈旁枝之道，非天下之至正也。

①骈：此处意思是多生、过分的。
②五色：指青、黄、赤、白、黑。
③文章：青与赤相交为文，赤与白相交为章。
④离朱：亦作"离娄"。传说是黄帝时人，视力过人。
⑤五声：指宫、商、角、徵、羽。
⑥六律：指黄钟、太簇、姑洗、蕤宾、夷则、无射。
⑦簧鼓：即吹笙打鼓。
⑧曾史：以仁孝著称的两个人。曾，即曾参。史，即史鳅。
⑨累瓦、结绳：古时记事之法，引申为记事。

所以说，过于看得清的，反而弄乱了五色，混乱了文章，不就像华丽夺目的礼服一样令人眼花缭乱吗？如离朱就是这样的人。过于听得分明的，就搅乱了五声，扰乱了六律，那不就似金石丝竹黄钟大吕发作时乱人耳鼓吗？那师旷即如此之人。歧生出仁义等的，是过分夸大标榜德性来收取名声，那难道不是让天下人鼓噪着去追求那无法达到的道德境界吗？那曾参、史鳅就是这样的人。沉溺于辩论的，不住地措辞造句，用心思在"坚白""同异"等的辩论上，这岂不是劳心费神地吹嘘一些无用的言辞吗？那杨朱、墨翟就是这样的人。所以说这些都是歧途外道，并不是真正的大道。

彼正正者①，不失其性命之情。故合者不为骈而枝者不为跂；长者不为有馀，短者不为不足。是故凫胫虽短②，续之则忧；鹤胫虽长，断之则悲。故性长非所断，性短非所续，无所去忧也。

意仁义其非人情乎！彼仁人何其多忧也。且夫骈于拇者，决之则泣③；

枝于手者，龁之则啼④。二者或有馀于数⑤，或不足于数，其于忧一也。今世之仁人，蒿目而忧世之患；不仁之人，决性命之情而饕贵富⑥。故意仁义其非人情乎！自三代以下者⑦，天下何其嚣嚣也。

①正正：当为"至正"之误。
②凫(fú)：野鸭。
③决：裂。
④龁(hé)：咬。
⑤数：这里是说正常的数目。
⑥饕(tāo)：贪。
⑦三代：谓夏、商、周三个朝代。

那正道，不失去性命的自然真实情形。因此合着的不算并，枝出的不为歧，长的不是多余，短的不是不足。因而野鸭的腿虽然短，接长它野鸭就会忧伤。鹤的腿虽然很长，截短它鹤就会悲痛。所以自然该长的不应去弄短，自然该短的不必去接长，没有必要去忧虑它。

唉，仁义并非人的本性啊。那些仁人们何必多愁善感呢？况且并生在脚之拇趾上的，弄断它生者就会哭泣；歧生在手上的，咬断它，生者就会啼叫。两者有的多于该生的数目，有的少于该生的数目，他在痛苦上却是一样的。现在的仁人们，愁眉苦脸地担忧世间的祸患，不仁之人，却败坏性命的本性去贪图富贵。所以仁义并不是人的性情所在。从夏、商、周三代以后，天下的人为什么那样的吵闹不休呢？

且夫待钩绳规矩而正者，是削其性者也①；待绳约胶漆而固者，是侵其德者也；屈折礼乐，呴俞仁义②，以慰天下之心者，此失其常然也③。天下有常然。常然者，曲者不以钩，直者不以绳，圆者不以规，方者不以矩，附离不以胶漆④，约束不以纆索⑤。故天下诱然皆生⑥，而不知其所以生；同焉皆得，而不知其所以得。故古今不二，不可亏也。则仁义又奚连连如胶漆纆索而游乎道德之间为哉！使天下惑也！

①削：谓伤害。此与下文"侵其德"中的"侵"意思相同。

②呴(xū)俞：爱抚。
③常然：本然，常态。
④附离：黏合。离，通"丽"，依附。
⑤缠(mò)：绳索。
⑥诱然：油然，不知不觉地。

【译文】

况且，等拿钩绳规矩来矫正事物的，是削蚀事物的天性，等用绳约胶漆来束缚黏合事物的，是损害了事物的天质；周旋于礼乐，劝勉于仁义，以此来慰勉天下人的心灵的，这就失去了万物的寻常本色。天下有事物的寻常本色。这寻常本色，就是弯曲的并不用钩来画，笔直的并不用绳来正，圆的不需用规，方的不需用矩，粘合的不必靠胶漆，绑缚的不必用绳索。这样天下万物都自然生长，却不知道它们是怎么生长的；都各得其所，却不知道它们是怎么得以如此的。所以从古到今都一样，不要人为地去改变。那么仁义又干吗要不住地似胶漆绳索一般活动在道德之间呢？真让天下人迷惑。

【原文】

夫小惑易方①，大惑易性。何以知其然邪？自虞氏招仁义以挠天下也②，天下莫不奔命于仁义。是非以仁义易其性与③？

故尝试论之：自三代以下者，天下莫不以物易其性矣④！小人则以身殉利；士则以身殉名；大夫则以身殉家；圣人则以身殉天下。故此数子者⑤，事业不同，名声异号，其于伤性以身为殉，一也。

【注释】

①易方：易，变换。方，方向。
②挠：搅乱。
③是：此。
④物：这里指下文所说的"利""名""家""天下"等身外之物。
⑤数子者：指上述四种人。

【译文】

小的困惑会迷失方向，大的困惑就会改变本性。怎么会知道是如此呢？自从帝舜号召仁义来搅扰天下后，天下人没有不奔命于仁义的。这不是以仁义来改变他们的本性吗？

所以试论证一下：从夏、商、周三代以来，天下没有不因为外物而改变了本性的。鄙俗小人把自己牺牲在财利上；士人君子把自己牺牲在名誉上；卿大夫们把自己牺牲在治家上；圣人们则把自己牺牲在为天下上。所以这几类人，干的不同，名目有异，但他们在损伤本性，牺牲自身上是一样的。

原文

臧与谷，二人相与牧羊而俱亡其羊①。问臧奚事，则挟筴读书②；问谷奚事，则博塞以游③。二人者，事业不同，其于亡羊均也。

伯夷死名于首阳之下④，盗跖死利于东陵之上⑤。二人者，所死不同，其于残生伤性均也。奚必伯夷之是而盗跖之非乎？

注释

①亡：丢失。
②筴：通"策"，书册，书籍。
③博塞：类似于掷骰子的一种游戏。
④首阳：山名，在今山西永济一带。
⑤东陵：陵名，在今山东济南境内。

译文

大男仆和小童仆，两人一块放羊却都丢了他们的羊。问男仆干什么事了，男仆捧着竹简读书了；问童仆干什么事了，他是掷骰子玩耍了。两个人，干的事虽然不一样，但他们在丢失羊这件事上是一样的。

伯夷因名而死在首阳山下，盗跖因利而死于东陵山上。这两个人，死的原因虽不同，但他们在残害生命损伤本性上是相同的。何必要颂扬伯夷却唾骂盗跖呢？

原文

天下尽殉也①：彼其所殉仁义也，则俗谓之君子；其所殉货财也，则俗谓之小人。其殉一也，则有君子焉，有小人焉。若其残生损性，则盗跖亦伯夷已，又恶取君子小人于其间哉②！

且夫属其性乎仁义者③，虽通如曾、史，非吾所谓臧也④；属其性于五味⑤，虽通如俞儿⑥，非吾所谓臧也；属其性乎五声，虽通如师旷，非吾所谓聪也；属其性乎五色，虽通如离朱，非吾所谓明也。吾所谓臧者，非仁义之谓也，臧于其德而已矣；吾所谓臧者，非所谓仁义之谓也，任其性命之情而已矣；吾所谓聪者，非谓其闻彼也⑦，自闻而已矣；吾所谓明者，非谓其见彼也，自见而已矣。夫不自见而见彼，不自得而得彼者，是得人之得而不自得其得者也，适人之适而不自适其适者也。夫适人之适而不自适其适，虽盗跖与伯夷，是同为淫僻也。余愧乎道德，是以上不敢为仁义之操，而下不敢为淫僻之行也。

① 天下尽殉：天下，指天下之人。尽殉，都是为了功利而牺牲自己。
② 取：区分。
③ 乎：于。介词。
④ 臧：善，完美。
⑤ 五味：指酸、苦、甘、辛、咸。
⑥ 俞儿：据传说他是善于辨味的人。
⑦ 彼：这里指身外之人与物。

　　天下人都在牺牲自身：他的牺牲是为了仁义，就俗称他为君子；他的牺牲是为了财利，就俗称他为小人。他们的牺牲是一样的，却有君子，有小人。如果就他们残害生命损伤本性上看，那盗跖也就是伯夷了，又何必要在他们之间区分出君子和小人呢？

　　况且归属自己的本性到仁义的，即使通晓的像曾参、史鱼那样，也不是我所讲的完美；归属自己的本性到五味的，即使通晓得如俞儿那样，也不是我所说的完美；归属自己的本性到五声的，即使通晓得像师旷那样，也不是我所讲的耳聪；归属自己的本性在五色的，即使通晓得如离朱一样，也不是我所讲的目明。我所讲的完美，不是仁义的称谓，完美在善于自得忘仁而仁；我所讲的完美，不是仁义的称谓，完美在他的自然本性；我所讲的耳聪，不是称能够他闻，而是要能够自闻；我所讲的目明，不是能够他见，而是能够自见。那不能自察而只看他物，不安于自得而索求于人的人，他便是索求别人之所得而不安于自己所应得的人，他便是企求达到别人所达到而不安于自己所应达到之境界的人。企求达到别人所达到而不安于自己所应达到之境界，不管是盗跖还是伯夷，这都是歪门邪道。我自感羞愧于道德，所以向上不敢为仁义之操守，向下不敢从歪僻之行为。

胠箧

　　《胠箧》是外篇中的第三篇。本篇取篇首句中二字为题目。胠箧，意思是撬箱子。此指一种偷窃的行为。较之前面的篇章，《胠箧》的批判性更强，也更尖锐深刻。主题思想是抨击仁义礼法,主张"绝圣弃知",返归真。作者认为,一切防盗的智慧终将被盗窃者所利用,会弄巧成拙,而圣人的仁义礼法作为统治工具,也总是被窃国者所窃取和利用,其结果是"彼窃钩者诛,窃国者为诸侯,诸侯之门而仁义存焉",可见圣人的仁义礼法是极其虚伪的。基于这样的认识,作者呼喊道:"圣人不死,大盗不止";"绝圣弃知,大盗乃止"。要求摒弃智慧与文明,回复到"民至老死而不相往来"的"至德之世"。显而易见,本篇思想的积极意义与消极色彩是并存的。

将为胠箧探囊发匮之盗而为守备①,则必摄缄縢②,固扃鐍③,此世俗之所谓知也。然而巨盗至,则负匮揭箧担囊而趋④,唯恐缄縢扃鐍之不固也。然则乡之所谓知者⑤,不乃为大盗积者也?

①胠(qū)箧(qiè):撬开箱子。胠,撬开。箧,箱子之类。大者为箱,小者为箧。
②摄缄(jiān)縢(téng):摄,打结,绑紧。缄、縢,都是绳子。
③固扃(jiōng)鐍(jué):固,使坚固。扃,门闩等。鐍,锁钥。
④趋:快步走。
⑤乡:通"向",刚才,原先。

因为有撬箱子、掏袋子、破柜子的小偷而要防备,就必定用绳索捆绑得紧紧的,把门窗箱柜的锁加固得牢牢的,这是世俗所说的明智。然而大盗一至,就背着柜子,提着箱子,挑着袋子跑了,他们唯恐那绳索锁扣不够坚固。这样先前所谓的明智,不就都成了给大盗积聚的了吗?

【原文】

故尝试论之:世俗之所谓知者,有不为大盗积者乎?所谓圣者,有不为大盗守者乎?何以知其然邪?昔者齐国邻邑相望,鸡狗之音相闻,罔罟之所布①,耒耨之所刺②,方二千余里。阖四竟之内③,所以立宗庙社稷④,治邑屋州闾乡曲者⑤,曷尝不法圣人哉?然而田成子一旦杀齐君而盗其国⑥,所盗者岂独其国邪?并与其圣知之法而盗之,故田成子有乎盗贼之名,而身处尧舜之安。小国不敢非,大国不敢诛,十二世有齐国,则是不乃窃齐国并与其圣知之法以守其盗贼之身乎?

①罔罟:罔,即网。捕鸟的为罔,捕鱼的为罟。

②耒耨之所刺：耒，犁耙。耨，锄草工具。刺，插。
③竟：通"境"。
④宗庙社稷：宗庙，天子或诸侯祭祀祖先的地方。社稷，土地神和谷神，古代君主都祭祀社稷，后来多用"社稷"作为国家的代称。
⑤邑屋州闾乡曲：邑屋，古法规定，六尺为步，百步为亩，百亩为夫，三夫为屋，三屋为井，四井为邑。州闾，古法规定，五家为比，五比为闾，四闾为族，五族为党，五党为州。乡曲，指穷乡僻壤。
⑥田成子：即田常，本为陈国人，所以又名陈恒。他于鲁哀公十四年杀了齐简公，夺取了政权。后来，田常的曾孙废齐自立，仍建国号"齐"。

因此，我曾经试着论证它：世俗中所谓的机智聪明的，有不是给强盗积聚的吗？所谓的圣明的，有不是给强盗守卫的吗？怎么会知道是这样的呢？过去的齐国，邻村邑社互相看得见，鸡鸣狗叫互相听得见，打猎捕鱼的范围，犁田锄草的土地，方圆两千多里。全国各地所建立的宗庙社稷，治理的大小行政地区，何曾不是在效法圣人？可是田成子一旦杀害了齐国的国君窃取了齐国的政权，所窃取的又怎么会只是那国家呢？那圣智的法度一块儿都被窃取了，所以田成子尽管有盗贼的名声，却处在尧舜一样安稳的位置。小的国家没有敢非议他的，大的国家没有敢声讨他的，世代占有齐国，这样还不是一并窃取了齐国和那圣智的法度来守卫他的盗贼之身吗？

尝试论之：世俗之所谓至知者，有不为大盗积者乎？所谓至圣者，有不为大盗守者乎？何以知其然邪？昔者龙逢斩①，比干剖，苌弘胣②，子胥靡③。故四子之贤而身不免乎戮。故跖之徒问于跖曰："盗亦有道乎④？"跖曰："何适而无有道邪？夫妄意室中之藏⑤，圣也；入先，勇也；出后，义也；知可否，知也；分均，仁也。五者不备而能成大盗者，天下未之有也。"由是观之，善人不得圣人之道不立，跖不得圣人之道不行。天下之善人少而不善人多，则圣人之利天下也少而害天下也多。故曰：唇竭则齿寒，鲁酒薄而邯郸围，圣人生而大盗起。掊击圣人，纵舍盗贼，而天下始治矣。

①龙逢：夏朝的贤人，被桀杀害。
②苌弘胣(chǐ)：苌弘，周灵王时的贤臣。胣，剖腹掏肠。
③子胥靡：伍子胥死后被抛入江水中而尸体腐烂。靡，同"糜"。

④道：指信仰、规矩等。
⑤妄意：猜测。

现在试着论证它：世俗所说的机智，有不是为大盗积聚的吗？那些所谓最高尚的圣人，有不为大盗守卫的吗？凭什么知道是这样呢？以前关龙逢被斩，比干被挖心，苌弘被刳肠，伍子胥的尸体在江水中糜烂。这样的四位贤臣却不能免于被杀害之祸患。所以盗跖的弟子问盗跖说："盗贼也有道吗？"盗跖回答："什么地方能没有道呢？能猜出室中藏的东西，是圣明；敢于先进，是勇敢；敢于后出，是义气；知道能否得手，是聪明；分配赃物时平均，那是仁。五种道不齐备却能成为大盗的，天下没有。"从这些来看，好人不知圣人之道就不能立身，盗跖不晓圣人之道就不能成盗。但天下善人少而不善的人多，那么圣人对天下的利少而对天下的害更多。所以说，唇亡齿寒，鲁国的酒味不浓，赵国的邯郸就被围攻，圣人出生便大盗横行。推翻圣人，放出盗贼，天下才会安泰。

夫川竭而谷虚①，丘夷而渊实。圣人已死，则大盗不起，天下平而无故矣②！圣人不死，大盗不止。虽重圣人而治天下，则是重利盗跖也。为之斗斛以量之③，则并与斗斛而窃之；为之权衡以称之④，则并与权衡而窃之；为之符玺以信之⑤，则并与符玺而窃之；为之仁义以矫之，则并与仁义而窃之。何以知其然邪？彼窃钩者诛⑥，窃国者为诸侯，诸侯之门而仁义存焉，则是非窃仁义圣知邪？故逐于大盗，揭诸侯，窃仁义并斗斛权衡符玺之利者，虽有轩冕之赏弗能劝，斧钺之威弗能禁。此重利盗跖而使不可禁者，是乃圣人之过也。

①虚：空旷。
②故：变故，事故。
③斗、斛：古代量器。十升为一斗，十斗为一斛。
④权衡：权为秤锤，衡为秤杆。
⑤符玺：用作凭证的信物。符分两半，合之可验真伪。玺，即印。
⑥钩：指腰带钩，泛指不值钱的东西。

溪水干了，山谷会显得特别空旷，丘陵夷为平地，深渊也就填实了。圣人死去了,那么大盗也就不会出来了,天下平安无事。圣人不死,大盗就会层出不穷。虽然重用圣人来治理天下,却是增重了利益给盗跖。制造出了斗斛为了度量,却连同斗斛一块窃去为他们谋利;制造出秤来称轻重,却连同秤一块被窃去为他们谋利;制造出符玺来保证信用,却连同符玺一块被窃去骗取信任;制出了仁义来矫正行为,却连同仁义一块被窃去欺骗他人。怎么会知道是这样呢?那窃取了个小钩的被斩首了,窃取了国家的却成了诸侯,诸侯的门内又讲开了仁义,这不是窃取了仁义和圣智吗?所以追随大盗,被推举为诸侯,窃取仁义、斗斛、秤、符玺之利益的人,即使用高官厚禄的赏赐也无法阻止他们;用斧钺刑罚的威力也不能吓住他们。这样特别有利于盗跖却无法阻止的,乃圣人的错误啊。

故曰:"鱼不可脱于渊,国之利器不可以示人。"彼圣人者,天下之利器也,非所以明天下也。故绝圣弃知,大盗乃止;擿抛玉毁珠①,小盗不起;焚符破玺,而民朴鄙②;掊斗折衡,而民不争;殚残天下之圣法③,而民始可与论议;擢乱六律④,铄绝竽瑟⑤,塞瞽旷之耳⑥,而天下始人含其聪矣;灭文章,散五采,胶离朱之目,而天下始人含其明矣;毁绝钩绳而弃规矩,擺工倕之指⑦,而天下始人有其巧矣。故曰:大巧若拙。削曾、史之行,钳杨、墨之口,攘弃仁义,而天下之德始玄同矣。彼人含其明,则天下不铄矣;人含其聪,则天下不累矣;人含其知,则天下不惑矣;人含其德,则天下不僻矣。彼曾、史、杨、墨、师旷、工倕、离朱,皆外立其德而以爚乱天下者也⑧,法之所无用也。

注释

①擿(zhì):同"掷",扔掉。
②鄙:朴野。
③殚残:彻底破坏。
④擢乱:弄乱,搞乱。擢,拔。
⑤铄:销毁。
⑥瞽旷:即师旷,古代乐师。
⑦擺(lì)工倕(chuí):擺,折断。工倕,传说是尧时发明规矩的著名工匠。
⑧爚(yuè)乱:迷乱。爚,炫耀。

所以说:"鱼儿不能离开深水,国家的利器不能明示于人。"那些圣人,是国家的利器,不能出示给天下人,所以扔掉圣智,大盗就会停止;销毁珠玉,小偷就不会出现；焚毁符玺，人民就会质朴；砸烂斗秤，人民就不再争斗；破尽天下的圣人法则，人民才能够参加议论；弄乱六律，毁绝乐器，塞住师旷的耳朵，天下人才开始内藏慧敏；灭文章，乱五采，粘住离朱的眼睛，天下人才开始内蕴明智；毁尽钩绳，扔掉规矩，扭断工倕的手指，天下人才开始有他的技能。所以说：真正的大技巧表面上看起来好像很拙笨。消灭曾参、史鱼的行为，夹住杨朱、墨翟的嘴巴，抛弃仁义，天下德性才开始玄妙统一。人们内藏明智，天下就不会再有炫目的五采；人们内含慧敏，天下就不会有乱耳的六律；人们都内蕴智慧，天下就不会有困惑；人们内含德性，天下就不会有歪僻了。那曾参、史鳅、杨朱、墨翟、师旷、工倕、离朱，都是外显其德而搞乱天下的人，治国之法是用不着这些的。

子独不知至德之世乎？昔者容成氏、大庭氏、伯皇氏、中央氏、栗陆氏、骊畜氏、轩辕氏、赫胥氏、尊卢氏、祝融氏、伏牺氏、神农氏，当是时也，民结绳而用之。甘其食，美其服，乐其俗，安其居，邻国相望，鸡狗之音相闻，民至老死而不相往来。若此之时，则至治已。今遂至使民延颈举踵，曰"某所有贤者①"，赢粮而趣之②，则内弃其亲而外去其主之事，足迹接乎诸侯之境，车轨结乎千里之外③。则是上好知之过也④！

①某所：某个地方。
②赢(yíng)粮而趣：赢粮，挑着粮食。趣，走向。
③轨：指车辙。
④知：同"智"。

您不了解高尚道德的时代吗？过去的容成氏、大庭氏、伯皇氏、中央氏、栗陆氏、骊畜氏、轩辕氏、赫胥氏、尊卢氏、祝融氏、伏羲氏、神农氏，在这样的时代，人民结绳记事。吃得可口、穿得舒美，风俗愉悦，住得安稳，望得见邻国，鸡犬相闻，人民直到老死都不来往。像这样的时代，是真正至上的太平。现在到了使人民向往得伸颈踮脚的地步，一听说"某个地方有贤人"，就备足干粮去追随，这是内弃亲人而外丢主人的事情，他们的足迹遍及诸侯各国，车辙相交于千里之外。这是统治者们喜好才智的过错。

上诚好知而无道，则天下大乱矣！何以知其然邪？夫弓弩毕弋机变之知多,则鸟乱于上矣;钩饵罔罟罾笱之知多①,则鱼乱于水矣;削格罗落罝罘之知多②,则兽乱于泽矣;知诈渐毒、颉滑坚白、解垢同异之变多,则俗惑于辩矣。故天下每每大乱,罪在于好知。故天下皆知求其所不知而莫知求其所已知者,皆知非其所不善而莫知非其所已善者,是以大乱。故上悖日月之明,下烁山川之精,中堕四时之施③,惴耎之虫④,肖翘之物,莫不失其性。甚矣,夫好知之乱天下也!自三代以下者是已!舍夫种种之民而悦夫役役之佞;释夫恬淡无为而悦夫啍啍之意⑤,啍啍已乱天下矣!

①罾(zēng)笱(gǒu):罾,用竹竿作为支架所做的方形渔网。笱,一种笼状的捕鱼工具,口朝水流的上游,鱼能进不能出。
②削格罗落罝(jū)罘(fú):削格,带有机关的捕兽工具,用竹、木等做成,一碰机关,则脚被钳住而不得脱。罗落,罗网。落,通"络"。罝罘,捕兽的网。
③堕:通"隳",破坏。
④惴耎(ruǎn):形容虫子蠕动之状。
⑤啍啍:通"谆谆"。

上层人士好机智而无道,那天下就大乱。怎么能知道是这样的呢?那弓弩毕弋里用机变的智慧多,鸟类就被搅乱在空中;钩饵网罟罾笱用的机智多,鱼儿就被扰乱在水中;削格罗落罝罘中的机智多,兽类就被搅得混乱在沼泽间;奸诈恶毒、狡黠无稽、坚白同异的言论多了,就会把人们迷惑在争辩中。所以天下每每大乱,罪过都在于喜好机智。天下的人都知道追求自己所不知道的却不知探求自己已知的东西,都知道难为他觉得不好的,却不知难为他认为好的,所以天下大乱。因而上遮蔽了日月之光,下毁掉了山川精华,中间破坏了四季的自然运行;蠕动的爬虫,小小的飞虫,没有不失去其本性的。严重啊,那喜好机智而扰乱天下的人!从三代以来就是这样。舍去了淳朴的民众却喜好奸佞之徒;抛弃了清静寡欲的大道却喜好喋喋不休的教诲,在喋喋不休的教诲声中天下已大乱了。

在 宥

《在宥》是外篇中的第四篇。本篇取篇首句中二字为题目。在宥,意思是任其自然。在,即自在。宥,谓宽容。本篇的中心思想是强调无为而治。作者指出,历史上的统治者们如黄帝、唐尧、虞舜、夏桀,欲有为而治天下,要么"以仁义撄人之心",要么"矜其血气以规法度",要么"匈匈焉终以赏罚为事"。结果怎么样呢?或者"使天下欣欣焉人乐其性",把人们煽动得亢奋不已,不复清静;或者"使天下瘁瘁焉人苦其性",把人们折腾得苦不堪言,不复愉悦。祸根在哪里呢?作者断言:"天下脊脊大乱,罪在撄人心。"那么正确的做法是什么呢?作者的观点是:"故君子不得已而临莅天下,莫若无为。无为也,而后安其性命之情。""汝徒处无为,而物自化。""故曰:绝圣弃知,而天下大治。"一句话,任其自然,无为而治。本篇选译时有删节。

【原文】

闻在宥天下①,不闻治天下也。在之也者,恐天下之淫其性也;宥之也者,恐天下之迁其德也。天下不淫其性,不迁其德,有治天下者哉?昔尧之治天下也,使天下欣欣焉人乐其性②,是不恬也③;桀之治天下也,使天下瘁瘁焉人苦其性④,是不愉也。夫不恬不愉,非德也;非德也而可长久者,天下无之。

①在宥:在,自在。宥,宽容。在宥,即任其自然。
②欣欣焉:高兴快乐的样子。
③恬:静,即恬淡无为。
④瘁瘁焉:劳累疲惫的样子。

只听说任天下顺其自然地发展,没听说要管治天下的。之所以是自由自在的,是因为担心天下人放荡了其本性。之所以是安然自适的,是因为担心天下人改变了其本性。如果天下不搅乱其本性,不改变其道德,还需管治天下吗?过去唐尧管治天下,使得天下人闹闹嚷嚷、喜气洋洋,搞得他们的本性非常兴奋,这是不清静;夏桀管治天下,使得天下人劳累疲惫、痛苦不堪,这是不愉悦。不清静、不愉悦,就不是真正的德性;没有真正的德性而可以长久的,在天下是没有的。

【原文】

人大喜邪,毗于阳①;大怒邪,毗于阴。阴阳并毗,寒暑之和不成,其反伤人之形乎!使人喜怒失位,居处无常,思虑不自得,中道不成章。于是乎天下始乔诘卓鸷②,而后有盗跖、曾、史之行。故举天下以赏其善者不足,举天下以罚其恶者不给。故天下之大不足以赏罚。自三代以下者，匈匈焉终以赏罚为事③，彼何暇安其性命之情哉！

①毗(pí)：伤。按"毗"字在《淮南子·原道篇》引文中作"破"字。
②乔诘卓鸷：乔诘，骄矜自傲。卓鸷，卓越出众。
③匈匈焉：形容乱哄哄的情形。

人过分地高兴，就会伤及阳；过分地生气，就会伤及阴。阴阳若都受到伤害，四季不能适应区分，寒暑冷热无法调和，它不就反过来又伤及了人的身体了吗？使人们喜怒失常、心神不宁、思考不能自得，做事中途不成条理。于是天下开始有了骄横、卓绝，而后出现了盗跖、曾参、史鱼的行为。所以用尽天下之物不够奖赏那善者；用尽天下之法不够惩罚那恶者。所以天下再大也不够用来赏罚。自从三代以来，闹闹嚷嚷的终以赏善惩恶为能事，他们哪有时间来安抚性命的真情呢？

而且说明邪①，是淫于色也；说聪邪，是淫于声也；说仁邪，是乱于德也；说义邪，是悖于理也；说礼邪，是相于技也②；说乐邪，是相于淫也；说圣邪，是相于艺也；说知邪，是相于疵也。天下将安其性命之情，之八者，存可也，亡可也。天下将不安其性命之情，之八者，乃始脔卷狯囊而乱天下也③。而天下乃始尊之惜之。甚矣，天下之惑也！岂直过也而去之邪！乃齐戒以言之④，跪坐以进之，鼓歌以儛之。吾若是何哉！

①说：通"悦"，喜好。
②相：注视，注重。
③脔卷狯囊：脔卷，拘挛拳曲的样子。狯囊，放纵纷争的样子。
④齐：通"斋"。

而且喜好目明，是搅乱了五色；喜好耳聪，是扰乱了五声；喜好仁，是搞乱了德性；喜好义，是违反了常理；喜好礼，是注重了技巧；喜好乐，是加重了淫声；喜好圣，是提拔了技艺；喜好智，是助长了挑剔的毛病。天下要安抚性命的真情，这八样东西，有也可，无也可；天下若不想安抚性命的真情，这八样东西，就会束缚人性，多事放纵而扰乱天下。但天下却开始尊重它，珍惜它。天下人的迷惑太严重了啊！还怎么会觉得这些是错误的去抛弃呢？他们还斋戒来谈论它；毕恭毕敬地坐着来讲授它；唱歌跳舞地去供奉它。我对此又能怎么样呢？

故君子不得已而临莅天下①，莫若无为。无为也，而后安其性命之情。故贵以身于为天下，则可以托天下；爱以身于为天下，则可以寄天下。故君子苟能无解其五藏②，无擢其聪明，尸居而龙见③，渊默而雷声，神动而天随，从容无为而万物炊累焉。吾又何暇治天下哉！

①临莅天下：就坐天子之位。临莅，到。
②五藏：即五脏。这里指五性、情性。藏，通"脏"。
③尸居：形容寂然不动之状。居，止。见：通"现"。

所以如果君子不得已而坐天子之位，不如不要有所作为，任其自然。无所作为，才会安抚性命之真情。因而，能以尊崇生命来治天下的，才可以托付给他天下；能以爱惜生命来治天下的，才可以寄托给他天下。所以，君子若能不任欲纵情；不自恃聪明，能表面寂然不动，实则龙一般活跃；能表面深沉默然，实则震动如雷；精神活动顺其自然，从容无为却使万物的生长发育如炊气般上升兴旺。这样，我们又何须治理天下呢？

黄帝立为天子十九年，令行天下，闻广成子在于空同之上①，故往见之，曰："我闻吾子达于至道，敢问至道之精。吾欲取天地之精，以佐五谷，以养民人。吾又欲官阴阳以遂群生，为之奈何？"广成子曰："而所欲问者，物之质也；而所欲官者，物之残也。自而治天下，云气不待族而雨，草木不待黄而落，日月之光益以荒矣，而佞人之心翦翦者②，又奚足以语至道！"黄帝退，捐天下，筑特室③，席白茅④，闲居三月，复往邀之⑤。广成子南首而卧，黄帝顺下风膝行而进，再拜稽首而问曰："闻吾子达于至道，敢问：治身奈何而可以长久？"广成子蹶然而起⑥，曰："善哉问乎！来，吾语女至道：至道之精，窈窈冥冥；至道之极，昏昏默默。无视无听，抱神以静，形将自正。必静必清，无劳女形，无摇女精，乃可以长生。目无所见，耳无所闻，心无所知，女神将守形，形乃长生。慎女内，闭女外，多知为败。我为女遂于大明之上矣,至彼至阳之原也;为女入于窈冥之门矣,至彼至阴之原也。天地有官,阴阳有藏。慎守女身,物将自壮。我守其一以处其和。故我修身千二百岁矣,吾形未常衰。"黄帝再拜稽首曰:"广成子之谓天矣!"广成子曰:"来!余语女:彼其物无穷,而人皆以为有终;彼其物无测,而人皆以为有极。得吾道者,上为皇而下为王;失吾道者,上见光而下为土。今夫百昌皆生于土而反于土⑦。故余将去女,入无穷之门,以游无极之野。吾与日月参光,吾与天地为常。当我缗乎⑧,远我昏乎!人其尽死,而我独存乎!"

①广成子:虚构的人名。一说广成子即老子。
②佞人之心翦翦:佞人,有口才而不正派的人。翦翦,浅陋狭隘。
③特室:独居的房屋。
④席:通"藉",铺垫。
⑤邀:通"要",求。
⑥蹶然:形容迅速而起之状。
⑦百昌:谓百物。
⑧缗:此与下句的"昏"字,均谓"无心"之义,即不放于心上。

黄帝登基做天子十九年了,号令通行天下,听说广成子住在空同之上,所以去见他。黄帝说:"我听说您通达最高的道,可以请教一下最高道的精华吗?我想要获取天地的精气,来助长五谷,来养育人民。我又想掌握阴阳来迎合万物生长,该怎么样来做呢?"广成子说:"你所要问的是事物的本质;你所要管的是事物的残馀。自从你治理天下以来,空中的云不等到聚集就下雨,花草树木不等到枯黄就凋零,日月的光辉日益暗淡,但小人之心胸如此狭隘,又怎么能够谈论至高无上的道呢?"黄帝退回去后,抛弃了天下,修了清心养性的小室独居,铺上洁白的茅草,拒绝任何交往住了三月,又去请求赐教。广成子头向南躺着,黄帝就从下方双膝移动前行,又磕头着地行礼后问道:"我听说先生通达至高无上的道,请问:修身养性怎么样才可以长寿呢?"广成子突然坐起来说:"问得好啊,过来,我来告诉你至高无上的道。至高无上道的精华,深藏渺远。至高之道的顶极,晦深叵测。不看不听,宁神静性,身体自然就正常健康。宁静恬淡,不要劳困身体,不要精神动荡不安,就可以长寿。眼不看,耳不听,心中就什么也不知道,你的精神就可以守护形体,形体就能长寿。小心你的内心活动,封闭起你的对外感受,智能太多就会招致失败。我让你到达极为光明的上方,到达那至阳的本源;让你进入幽远的大门,到达那至阴的本源。天地各有掌管，阴阳各有所居。小心谨慎地守护好你的身体，万物就会自然成长壮大。我守持着纯一的至道，处于阴阳调和之境。所以我修身养性一千二百年了，我的形体未曾衰老。"黄帝又行了磕头的大礼，说："先生您说得太好啦！"广成子说："来吧，我告诉你：那万物是无穷无尽的，但人们总认为有尽头；那万物是高深莫测的，但人们总认为有个终点。得到我的至道的，上会成皇下会成王；失掉我的至道的，上只能看到日月之光，下只能化为尘土。现在万物都生长在土上，最后都返归给土。所以我要离开你，进入那无穷无尽之门，遨游在博大无边的境地。我和日月一样光耀，和天地一样久远。走向我的，远离我的，我都不在乎。人们都难免于死，唯独我将永存！"

原文

云将东游①，过扶摇之枝而适遭鸿蒙。鸿蒙方将拊脾雀跃而游②。云将见之，倘然止，贽然立，曰："叟何人邪？叟何为此？"鸿蒙拊脾雀跃不辍，对云将曰："游！"云将曰："朕愿有问也。"鸿蒙仰而视云将曰："吁！"云将曰："天气不和，地气郁结，六气不调，四时不节。今我愿合六气之精以育群生，为之奈何？"鸿蒙拊脾雀跃掉头曰："吾弗知！吾弗知！"云将不得问。又三年，东游，过有宋之野③，而适遭鸿蒙。云将大喜，行趋而进曰："天忘朕邪？天忘朕邪？"再拜稽首，愿闻于鸿蒙。鸿蒙曰："浮游不知所求，猖狂不知所往，游者鞅掌，以观无妄。朕又何知！"云将曰："朕也自以为猖狂，而民随予所往；朕也不得已于民，今则民之放也！愿闻一言。"鸿蒙曰："乱天之经，逆物之情，玄天弗成，解兽之群而鸟皆夜鸣，灾及草木，祸及止虫。意！治人之过也。"云将曰："然则吾奈何？"鸿蒙曰："意！毒哉！仙仙乎归矣！"云将曰："吾遇天难，愿闻一言。"鸿蒙曰："意！心养！汝徒处无为，而物自化。堕尔形体④，吐尔聪明⑤，伦与物忘，大同乎涬溟⑥。解心释神，莫然无魂⑦。万物云云⑧，各复其根，各复其根而不知。浑浑沌沌，终身不离。若彼知之，乃是离之。无问其名，无窥其情，物固自生。"云将曰："天降朕以德，示朕以默。躬身求之，乃今也得。"再拜稽首，起辞而行。

①云将：此与下句的"鸿蒙"均为虚构的人名。
②拊脾：拍击大腿。脾，通"髀"。

③有宋：宋国。有，语助词，无义。
④堕尔形体：谓忘身。堕，通"隳"，废，忘怀。
⑤吐：通"杜"，抛弃。
⑥涬溟：形容混混沌沌的状态。
⑦莫然：犹茫茫然。莫，通"漠"。
⑧云云：意即种种。形容众多。

云将向东游历，经过飓风的边缘正好碰上鸿蒙。鸿蒙正拍打着大腿像鸟雀一样欢跃着游玩。云将看见他，惊异地停下来，直立不动地说："老先生是什么人啊？老先生干吗要这样呢？"鸿蒙拍腿，雀跃不止，对云将说："游乐！"云将说："我希望请教于您。"鸿蒙抬头看看云将说："噢！"云将说："天气不能和顺，地气积聚一团，六气不得调和，四季顺序紊乱。现在我希望调和六气的精华来养育众生，怎么样做呢？"鸿蒙拍着腿雀跃着扭头说："我不知！我不知！"云将没法请教。又过了三年，云将向东游历，路过宋国的境地，正碰上鸿蒙。云将非常高兴，急赶着走过去说："您老忘记我了吗？您老忘记我了吗？"又行了叩拜至地之礼，希望听鸿蒙指点。鸿蒙说："随心自在地游乐，不知道要求什么，如痴如醉地取乐，不知想到哪里。游乐于万物，来观看真实的形貌，我又能知道什么！"云将说："我也自认为逍遥自在，但人民总跟随着我，我对他们无可奈何，现在人民不在，希望听您点拨一下。"鸿蒙说："搅乱自然的常性，违反事物的真情，自然的正常变化无法形成，兽群解散，鸟儿都在夜间鸣叫，灾害伤及花草树木，祸患殃及各种小虫。唉！这是管治人民的过错啊。"云将说："那么我该怎么办？"鸿蒙说："唉！你被毒害得太深了，还是轻游回去吧！"云将说："我碰上您太不容易了，恳请您指点一下吧！"鸿蒙说："唉！好好修心养神！你只要处于无为之境，那么万物就会自然变化。忘掉你的身体，抛尽你的聪明，把常伦和外物都忘掉，融入混沌自然之气。放宽心理解放精神，淡然处之没有灵魂。纷纷万物，各自恢复它的根本，各自恢复根本却不知不觉。无知无识，一生不失本性。如果他们能够感知，就是离失本性。不要探询它们的表面，不要探察他们的实情，万物本应自然生长。"云将说："您传授我以真德，示意我以静默。亲自探求至道，今天终于得到。"又行了拜叩到地的大礼，起身辞别而去。

世俗之人，皆喜人之同乎己而恶人之异于己也。同于己而欲之①，异于己而不欲者，以出乎众为心也。夫以出乎众为心者，曷常出乎众哉②？因众以宁所闻，不如众技众矣。而欲为人之国者，此揽乎三王之利而不见其患者也。此以人之国侥幸也。几何侥幸而不丧人之国乎？其存人之国也，无万分之一；而丧人之国也，一不成而万有馀丧矣！悲夫，有土者之不知也③！夫有土者，有大物也。有大物者，不可以物。物而不物，故能物物。明乎物物者之非物也，岂独治天下百姓而已哉！出入六合，游乎九州，独往独来，是谓独有。独有之人，是谓至贵。

①欲：喜欢，喜爱。
②曷常：即何尝。常，通"尝"。
③有土者：即有国者，指君王。

世俗的人，都喜欢他人和自己一样而讨厌和自己不同。想要别人和自己相同，不希望别人和自己不同，是因为想出人头地的心理在作怪。那些有出人头地的心理的人，又怎么能超过大家呢？因有众人的相同便会安于自己的所知，实际上比不上大众的才艺繁多。想要做一国之主的人，这是想得到三王的利益却没有看到这种事的后患。这是当君王的侥幸心理，可有几个有侥幸心理的人最终不亡国的呢？他们能幸存国家的，没有万分之一。而亡国的，一万多个里面也没有一个能例外。悲哀呀！这是统治者所不懂得的！那拥有土地的统治者，便拥有土地上的万物。拥有万物，却不能支配万物。利用物而不被物支配的，就能统治万物。统治着万物的并非具体的物，正是"道"，明白了这一道理的，又哪里仅仅是统治天下的百姓呢！这种人可以出入天地四方，神游九州各地，独往独来，这就是所说的独立于众。独立于众的人，这是最为可贵的人。

大人之教①，若形之于影，声之于响②。有问而应之，尽其所怀，为天下配。处乎无响，行乎无方③。挈汝适复之，挠挠以游无端，出入无旁，与日无始。颂论形躯，合乎大同。大同而无己。无己，恶乎得有有④。睹有者，昔之君子；睹无者，天地之友。……⑤

①大人：即至人，得道的人。
②响：回音。
③无方：没有定向，没有痕迹。
④有有：前一"有"为动词，后一"有"为名词。
⑤此处所略一段文字与本篇意旨不合，学者多认为实乃蛇足，当删去。兹录原文如下，以备参读。原

文为：贱而不可不任者，物也；卑而不可不因者，民也；匿而不可不为者，事也；粗而不可不陈者，法也；远而不可不居者，义也；亲而不可不广者，仁也；节而不可不积者，礼也；中而不可不高者，德也；一而不可不易者，道也；神而不可不为者，天也。故圣人观于天而不助，成于德而不累，出于道而不谋，会于仁而不恃，薄于义而不积，应于礼而不讳，接于事而不辞，齐于法而不乱，恃于民而不轻，因于物而不去。物也莫足为也，而不可不为。不明于天者，不纯于德；不通于道者，无自而可；不明于道者，悲夫！何谓道？有天道，有人道。无为而尊者，天道也；有为而累者，人道也。主者，天道也；臣者，人道也。天道之与人道也，相去远矣，不可不察也。

至高无上的人的教化，就像身体对于影子，响声对于回音。有问题就有回答，极尽自己所知道的，给天下人释疑。他身处静寂之境，行动毫无定向。带领你去回归本性，悠游于无穷无尽之境，出入都没有依赖，和太阳一样循环往复不止。言谈举止都合于大道，大道而无我。无我，又何须去占有他物。只看得见有形之物的，是过去的君子，能看得见无形之物的，那是天地的朋友。

天　地

题解

《天地》是外篇中的第五篇。本篇取篇首二字为题目。主张和描述无欲无心、无为而治的"君天下"境界。作者指出，"君原于德而成于天。故曰玄古之君天下，无为也，天德而已矣。"那么，"天"是什么呢？"德"又是什么呢？曰："无为为之之谓天，无为言之之谓德。"无为是君天下以成天德的要诀。其标本与境界，古已有之："古之畜天下者，无欲而天下足，无为而万物化，渊静而百姓定。"本篇虽然篇幅长、内容杂，但开篇部分已明确了论述中心，其余部分都是对此中心思想的论说与佐证。本篇选译时有删节。

天地虽大，其化均也；万物虽多，其治一也；人卒虽众①，其主君也。君原于德而成于天。故曰：玄古之君天下②，无为也，天德而已矣。以道观言而天下之君正；以道观分而君臣之义明；以道观能而天下之官治；以道泛观而万物之应备。故通于天地者，德也；行于万物者，道也。上治人者，事也；能有所艺者，技也。技兼于事③，事兼于义，义兼于德，德兼于道，道兼于天。故曰：古之畜天下者，无欲而天下足，无为而万物化，渊静而百姓定。《记》曰："通于一而万事毕，无心得而鬼神服。"

夫子曰："夫道，覆载万物者也④，洋洋乎大哉！君子不可以不刳心焉⑤。无为为之之谓天，无为言之之谓德，爱人利物之谓仁，不同同之之谓大，行不崖异之谓宽，有万不同之谓富。故执德之谓纪，德成之谓立，循于道之谓备，不以物挫志之谓完。君子明于此十者，则韬乎其事心之大也，沛乎其为万物逝也。若然者，藏金于山，藏珠于渊；不利货财，不近贵富；不乐寿，不哀夭；不荣通，不丑穷。不拘一世之利以为己私分，不以王天下为己处显⑥。显则明。万物一府，死生同状。"

①人卒：谓百姓。卒，徒。
②玄古：远古。
③兼：相合，统属。
④覆载：囊括，包罗。
⑤刳心：彻底去除心智。刳，挖空。
⑥王天下：为天下之王。

天地尽管非常大，但它的运作变化却是均衡而无偏执的；万物尽管非常多，但它的主宰却只有一个；百姓尽管众多，而统治他们的却都是君主。君主立足于事物之本真而达于自然的境界。所以说，远古的国君统治天下，凭借的就是无为，凭借任性守真，顺其自然罢了。用天道考察言论，天下的君主无不得当；用天道考察分辨，君臣的名分无不分明；用天道考察才能，天下的官吏无不尽职；用天道宽泛地加以观察，万物的需求无不完备。所以说，通达于天地的是"德"；周行于万物的是"道"。所谓在上治理百姓，那便是各任其事；具备了一定的能力，也就是掌握了某种技艺。技艺统属于事，事统属于理，理统属于德，德统属于道，道统属于天。因此说，古代蓄养天下，无私则天下富足，无为则万物自然演化，君主平静则百姓安定。老子在其所著书中说："贯通于天道则万事可成，无为而治则鬼神敬服。"

夫子(指老子)说："道承载万物，多么辽阔广大啊！君子不可不彻底去除心智。以无为的态度行事就叫做天，以无为的态度说话就叫做德，关爱民众而又任其自然就叫做仁，消除对立而同归于一就叫做大，行为举措不标新立异就叫做宽，无所不有而包罗万象就叫做富。所以把握了德就是纲纪，德有所成就是树立，遵循于道就是完备，不因为外物而扰乱心志就是完美。君子明白了这十个方面的道理，就能心地宽广，包容万物而与之共同演化。像这样，任金银藏于深山，任珠玑藏于深渊，不谋取财物，不追求富贵；不以长寿而快乐，不以夭折而悲哀；不以亨通为荣耀,不以穷困为羞耻。不寻求天下一切利益以为己有,不因为统治天下而自觉显耀。显耀就是露己。万物实为一体,死生没有差异。"

【原文】

夫子曰:"夫道,渊乎其居也,漻乎其清也①。金石不得无以鸣。故金石有声,不考不鸣。万物孰能定之!夫王德之人,素逝而耻通于事②,立之本原而知通于神,故其德广。其心之出,有物采之。故形非道不生,生非德不明③。存形穷生,立德明道,非王德者邪!荡荡乎!忽然出,勃然动,而万物从之乎!此谓王德之人。视乎冥冥,听乎无声。冥冥之中,独见晓焉;无声之中,独闻和焉。故深之又深而能物焉;神之又神而能精焉。故其与万物接也,至无而供其求,时骋而要其宿④,大小、长短、修远。"

黄帝游乎赤水之北⑤,登乎昆仑之丘而南望。还归,遗其玄珠。使知索之而不得⑥,使离朱索之而不得,使喫诟索之而不得也⑦。乃使象罔⑧,象罔得之。黄帝曰:"异哉,象罔乃可以得之乎?"

①漻:清澈。
②素逝:纯真地随时间而去。素,纯真,天真。
③生:通"性"。
④要(yāo):求。
⑤赤水:水名,在昆仑山之南。
⑥知:虚构的名字,寓"智慧"之意。知,通"智"。
⑦喫诟:虚构的名字,寓"巧辩"之意。
⑧象罔:虚构的名字,寓"无心"之意。

夫子说:"道是隐微幽深的,清澈澄静的。钟磬不具备道之作用就无法鸣响。所以说,钟磬尽管能够发声,但不敲击是不会鸣响的。万物之有感有应的现象谁能够认识呢?怀有高尚道德的人,素朴而行,以牵累为俗务为耻,立身于根本大道,智慧与神明相接,所以他的德行广大。他的心志的产生是应外物而动。因而形体无道不能生成,生命无德不能灵通。保身适性,树德明道,难道不就是盛德之人吗!浩荡伟大啊!忽然有所感应,勃然有所行动,万物完全依从于他啊!这就是盛德之人。这道呢,视之深远,听之无声。幽暗之中,唯有悟道者能看到无形的光明境界;无声之中,唯有悟道者能听到万籁的谐调和音。所以说,道极其隐微幽深却能够主宰万物,极其神秘莫测却总是作用微妙。所以道与万物相接,虽说虚无至极却能满足万物之需求,随时都在运动变化却能成为万物的归宿,无论其大小、长短与修远。"

黄帝在赤水的北域游历,登上了昆仑山而向南瞻望。返回之后,发现遗失了玄珠。派遣知去寻找,结果没找到;派遣离朱去寻找,结果没找到;派遣喫诟去寻找,结果没找到。于是派遣象罔去寻找,象罔找回了玄珠。黄帝说:"奇怪啊,难道只有象罔才能够找回玄珠吗?"

尧治天下,伯成子高立为诸侯。尧授舜,舜授禹,伯成子高辞为诸侯而耕①。禹往见之,则耕在野。禹趋就下风,立而问焉,曰:"昔尧治天下,吾子立为诸侯。尧授舜,舜授予,而吾子辞为诸侯而耕。敢问其故何也?"子高曰:"昔尧治天下,不赏而民劝,不罚而民畏。今子赏罚而民且不仁,德自此衰,刑自此立,后世之乱自此始矣!夫子阖行邪②?无落吾事③!"俋俋乎耕而不顾。

泰初有无④,无有无名。一之所起,有一而未形。物得以生谓之德;未形者有分,且然无间谓之命;留动而生物,物成生理谓之形;形体保神,各有仪则谓之性;性修反德,德至同于初。同乃虚,虚乃大。合喙鸣⑤。喙鸣合,与天地为合。其合缗缗⑥,若愚若昏,是谓玄德,同乎大顺⑦。

①辞为诸侯:辞诸侯之位。
②阖:通"盍",何不。否定疑问词。
③无落:别妨碍。无,通"毋",不要。落,废。
④有无:唯有"无"。即什么也没有。"有",动词。"无",名词。
⑤喙(huì):鸟兽的嘴。
⑥缗(mín)缗:形容无心的样子。
⑦大顺:谓自然,即道。

唐尧治理天下,伯成子高立位为诸侯。后来,唐尧传位给虞舜,虞舜传位给夏禹,伯成子高则放弃了诸侯之位而躬耕陇亩。帝禹去看伯成子高,伯成子高正耕耘于田野之上。帝禹走到下方,站着而问伯成子高,说:"过去唐尧治理天下,先生被立为诸侯之位。唐尧传位给虞舜,虞舜传位给我,先生就放弃了诸侯之位而躬耕陇亩。请问这其中的原因是什么呢?"伯成子高说:"过去唐尧治理天下,未尝行赏而人民向善，未尝惩罚而人民戒恶。现在您行使赏罚而人民并不仁爱，民德从此衰落，刑法从此确立，后世的祸乱从此开始！您为什么还不走开呢？不要耽误了我的农事！"伯成子高默默地低头而耕，不再回首。

宇宙的本原只有"无"，没有"有"，没有名称。道的运作，呈现为混一之状，没有具体的形体。万物得到它的作用就生长，这叫做"德"；无形的能化育出有形，而且如此地密不可分，这就叫做"命"；道不停地作用而产生物，物产生后形成自身机理结构，这叫做"形"；形体护持其精神，各有自身的仪则规范，这叫做"性"；"性"经过修养，再返回到"物得以生"的状态，"德"便同于"泰初"。同于"泰初"便虚豁，虚豁才是广大。无心之言，就如鸟儿的鸣叫一般，完全出自天然。出于天然，可与天地浑融。这种浑融，无心无迹，好像愚钝，好像昏昧，这就叫做"玄德"，同于泰初自然之理。

夫子问于老聃曰："有人治道若相放①。可不可，然不然。辩者有言曰：'离坚白，若县寓②。'若是则可谓圣人乎？"老聃曰："是胥易技系，劳形怵心者也。执留之狗成思，猿狙之便自山林来。丘，予告若，而所不能闻与而所不能言。凡有首有趾无心无耳者众③；有形者与无形无状而皆存者尽无。其动止也，其死生也，其废起也，此又非其所以也。有治在人。忘乎物，忘乎天，其名为忘己。忘己之人，是之谓入于天。"

①相放：相互仿效。
②县寓：高大的屋宇。县，通"悬"，高耸。寓，通"宇"。
③无心无耳：无知无闻。

孔夫子问老聃说："有人在修道方面似乎相互仿效。把不可以的看做可以，把不对的说成对。辩论的人说：'能够分离石头的质坚与色白，此论之正确，犹如高大的建筑那般显赫了然。'像这样就可以称做圣人吗？"老聃说："这样的人就像慧巧胥吏一般，行事为技能牵累，劳形骸，苦心志。长于捕猎的狗会被人拘牵，天性机灵的猿猴会被人从山林中捕捉而来。孔丘，我跟你讲，跟你说说你所不能听到的和你不能说出的。那些有头有脚然而无知无闻的人非常多；有形之人与无形无状之道共存的情况是绝对没有的。那动与止，那死与生，那废与起，一切都是自然之理而不知其所以然。刻意治理，属于人为。遗忘于外物，遗忘于自然，这就叫做忘己忘我。达于忘我境界的人，这才能称之为与自然浑融为一。"

原文

子贡南游于楚，反于晋①，过汉阴，见一丈人方将为圃畦②，凿隧而入井，抱瓮而出灌，搰搰然用力甚多而见功寡③。子贡曰："有械于此，一日浸百畦，用力甚寡而见功多，夫子不欲乎？"为圃者卬而视之曰④："奈何？"曰："凿木为机，后重前轻，挈水若抽，数如泆汤，其名为槔。"为圃者忿然作色而笑曰："吾闻之吾师，有机械者必有机事，有机事者必有机心。机心存于胸中则纯白不备，纯白不备则神生不定，神生不定者，道之所不载也。吾非不知，羞而不为也。"子贡瞒然惭，俯而不对。有间，为圃者曰："子奚为者邪？"曰："孔丘之徒也。"为圃者曰："子非夫博学以拟圣，於于以盖众，独弦哀歌以卖名声于天下者乎？汝方将忘汝神气，堕汝形骸⑤，而庶几乎！而身之不能治，而何暇治天下乎！子往矣，无乏吾事。"

子贡卑陬失色⑥，顼顼然不自得⑦，行三十里而后愈。其弟子曰："向之人何为者邪？夫子何故见之变容失色，终日不自反邪？"曰："始吾以为天下一人耳⑧，不知复有夫人也。吾闻之夫子：事求可，功求成，用力少，见功多者，圣人之道。今徒不然。执道者德全，德全者形全，形全者神全。神全者，圣人之道也。托生与民并行而不知其所之，汒乎淳备哉！功利机巧必忘夫人之心。若夫人者，非其志不之，非其心不为。虽以天下誉之，得其所谓，警然不顾⑨；以天下非之，失其所谓，傥然不受。天下之非誉无益损焉，是谓全德之人哉！我之谓风波之民。"反于鲁，以告孔子。孔子曰："彼假修浑沌氏之术者也。识其一，不知其二；治其内而不治其外。夫明白入素，无为复朴，体性抱神，以游世俗之间者，汝将固惊邪？且浑沌氏之术，予与汝何足以识之哉！"

①反于晋：反，同"返"。晋，周代诸侯国名。周成王封弟叔虞于唐，叔虞子燮父改国号为晋。春秋时，晋国据有今山西省大部和河北省西南部，地跨黄河两岸。后被其大夫韩、赵、魏所分而亡。
②为圃畦：在菜地里劳动。圃，菜园。畦，园中被分割开的区域。
③搰(gǔ)搰然：形容用力之情形。
④卬：同"仰"。
⑤堕：通"隳"，毁坏。
⑥卑陬：惭愧不安。

⑦顼(xū)顼然：形容垂头丧气的样子。
⑧天下一人：天下只有一个圣人。这里是指孔子。
⑨謷(áo)然：高傲自得的样子。

  子贡在南方的楚国游历，要返回晋国，途经汉阴，看见一个老人正要灌园浇地，他挖地道而进入井中，抱着水瓮出来浇地，费力很多而收效甚微。子贡说："这里有一种机械，一天能灌溉一百块地，费力很少而见效很快，先生不想试试吗？"灌园老人仰头看着子贡说："怎么个做法呢？"子贡说："凿刨木料做成机械，后头重，前头轻，提水好比抽引，速度快得就像煮沸水从锅里溢出一样，这种东西的名称叫做桔槔。"灌园老人愤然生怒，嘲笑道："我从我的老师那儿听说，有机械的一定有机事，有机事的一定有机心。机心存于心中，就不能保持纯洁的心性。不能护持纯洁的本性就会心神不安，心神不安就不能达于自然之道。我并非不知道你所说的那些，只是觉得羞耻而不去做罢了。"子贡满脸愧色，低首不答。过了一会儿，灌园老人说："你是干什么的呢？"子贡说："我是孔丘的弟子。"灌园老人说："你不就是那靠博学来自比圣人、夸夸其谈以求超群出众、自弹自唱于天下以沽名钓誉的人吗？你将要丧失你的精神，毁伤你的形骸，现在已经差不多要完蛋了！你连自身都不能修养护持，又怎么能顾得上治理天下呢！你走开吧，别耽误了我的事情。"

  子贡惭愧得变了脸色，一路上垂头丧气，很不自在，走了三十里路才算恢复了常态。他的弟子说："刚才的那个人是干什么的呀？先生您见了他为什么气色异常，整天都不能恢复呢？"子贡说："原先我以为天下称得上圣人的，唯有我的老师一人，却不知道又有那么一个人！我从我的老师那儿听说：事业谋求可行，功业谋求成效，费力少而收效多的才是圣人之道。现在看起来却不是这样。执持天道的人德行完备，德行完备的人形体完全，形体完全的人精神健全。精神健全的人，才是圣人之道。寄生世俗，与万民同行，却不知道自己所要去的地方，这是多么的淳朴又完备啊！功利机巧必然不存在于那样的人的心中。像那样的人，不合于自己情志的不去追求，不同于自己思想的不去作为。即使天下的人都赞扬他，并且合于实际，他也会傲然不顾；即使天下的人都批评他，甚至不合实际，他也会无动于衷。天下人的赞扬和批评，对他来说，既无所增添，也无所减损，这就叫做'全德之人'。而我只能被称做顺风随波之人。"子贡返回到鲁国，将途中之事告诉给孔子。孔子说："那是研修和实践混沌氏道术的人。他们认识天道，并不关注世俗；修身养性而不追求外物。他们明澈单纯，自然守朴，体现真性，敛藏精神，但又遨游于世俗之间，对于这样的人，你怎么能不感到惊异呢？况且，对于浑沌氏的道术，你与我又如何能够完全弄明白呢？"

原文

谆芒将东之大壑①,适遇苑风于东海之滨。苑风曰:"子将奚之?"曰:"将之大壑。"曰:"奚为焉?"曰:"夫大壑之为物也,注焉而不满,酌焉而不竭。吾将游焉!"苑风曰:"夫子无意于横目之民乎?愿闻圣治。"谆芒曰:"圣治乎?官施而不失其宜,拔举而不失其能,毕见其情事而行其所为,行言自为而天下化。手挠顾指,四方之民莫不俱至,此之谓圣治。""愿闻德人。"曰:"德人者,居无思,行无虑,不藏是非美恶。四海之内,共利之之谓悦,共给之之谓安。怊乎若婴儿之失其母也②,傥乎若行而失其道也③。财用有馀而不知其所自来,饮食取足而不知其所从,此谓德人之容。""愿闻神人。"曰:"上神乘光,与形灭亡,是谓照旷④。致命尽情,天地乐而万事销亡,万物复情,此之谓混冥。"

①谆芒:此与下句中的"苑风"均为虚构的人名。大壑:指东海。
②怊(chāo):惆怅。
③傥:无所用心的样子。
④照:此字当做"昭"字。晋人避司马昭讳,故改"昭"为"照"。

谆芒要向东去游历大海,在东海之滨正巧遇到苑风。苑风说:"先生要到哪里去?"谆芒说:"要往大海去。"苑风说:"去干什么呢?"谆芒说:"大海作为世上之物,江河流注其中而不满溢,不停地酌取而海水不会枯竭。我要去游历大海。"苑风说:"先生不关怀天下万民了吗?希望能听您说一说圣人之治。"谆芒说:"圣人之治吗?官方施政不违背自然法则,选举人才而不使其投闲置散,洞察事情的真实情况去做所应该做的,行为与言论出于自然,这样天下就可以大治了。一抬手,一举目,四方的百姓没有不汇聚而来的,这就叫做圣人之治。"苑风说:"希望能听您说一说至德之人。"谆芒说:"至德之人呢,居处而不思谋,出行而无忧虑,不隐藏是非美丑。四海之内,共享其利便是喜悦,共得其资便是安乐。悲伤时就跟婴儿失去母亲时一样,完全流露真情,迷惘时好像行路中迷失了方向一样,怅然而又无奈。财物有馀而不知道它们是从哪里来的,饮食富足而不知道它们是怎么来的,这就是至德之人的情态。"苑风说:"希望能听您说一说神人。"谆芒说:"至上的神人光芒四射,不见形迹,这就叫做明澈空旷。任性而尽情,与天地同乐而遗忘世事,万物都返璞归真,这就叫做混一冥合。"

【原文】

门无鬼与赤张满稽观于武王之师①,赤张满稽曰:"不及有虞氏乎②!故离此患也③。"门无鬼曰:"天下均治而有虞氏治之邪?其乱而后治之与?"赤张满稽曰:"天下均治之为愿,而何计以有虞氏为!有虞氏之药疡也④,秃而施髢⑤,病而求医。孝子操药以修慈父,其色燋然,圣人羞之。至德之世,不尚贤,不使能,上如标枝,民如野鹿。端正而不知以为义,相爱而不知以为仁,实而不知以为忠,当而不知以为信,蠢动而相使不以为赐⑥。是故行而无迹,事而无传。"

【注释】

①门无鬼与赤张满稽:此皆虚构的人名。
②有虞氏:虞舜。
③离:通"罹",遭。
④疡(yáng):疮。
⑤髢(dí):假发。
⑥蠢动:蠕动。

【译文】

门无鬼和赤张满稽观看着武王的军队,赤张满稽说:"周武王比不上虞舜呀!所以天下遭遇到这样的祸患。"门无鬼说:"是天下太平了虞舜才去治理的呢,还是天下混乱了他才去治理的呢?"赤张满稽说:"天下太平是人们的共同心愿,如果已经太平了,那还用得着考虑虞舜吗?虞舜治乱呢,好比治疮,待头秃了才去用假发,等病倒了才去求医生。孝子拿来了药,以便救治他慈爱的父亲,面色憔悴,圣人却以此为羞,因为孝子未能让他的慈父不生病。盛德之世,不崇拜贤人,不任用能人,君主如同树梢上的枝叶,百姓如同原野上的麋鹿。品行端正却不知什么叫做'义',相互友爱却不知什么叫做'仁',敦厚朴实却不知什么叫做'忠',行为得当却不知什么叫做'信',行动拙朴而相互役使但不认为这是什么恩赐。所以,行为没有留下痕迹,事迹没有流传后世。"

【原文】

孝子不谀其亲,忠臣不谄其君,臣、子之盛也。亲之所言而然,所行而善,则世俗谓之不肖子;君之所言而然,所行而善,则世俗谓之不肖臣。而未知此其必然邪?世俗之所谓然而然之,所谓善而善之,则不谓之道谀之人也①!然则俗故严于亲而尊于君邪?谓己道人,则勃然作色②;谓己谀人，则怫然作色。而终身道人也，终身谀人也，合譬饰辞聚众也③，是终始本末不相罪坐④。垂衣裳，设采色，动容貌，以媚一世，而不自谓道谀。与夫人之为徒，通是非，而不自谓众人，愚之至也。知其愚者，非大愚也；知其惑者，非大惑也。大惑者，终身不解；大愚者，终身不灵。三人行而一人惑，所适者，犹可致也，惑者少也；二人惑则劳而不至，惑者胜也。而今也以天下惑，予虽有祈向，不可得也。不亦悲乎！

　　大声不入于里耳⑤，《折杨》《皇荂》⑥，则嗑然而笑。是故高言不止于众人之心；至言不出，俗言胜也。……⑦而今也以天下惑，予虽有祈向，其庸可得邪！知其不可得也而强之，又一惑也！故莫若释之而不推。不推，谁其比忧！厉之人，夜半生其子，遽取火而视之，汲汲然唯恐其似己也⑧。

①道谀：曲意逢迎，谄媚阿谀。道，同"导"。
②作色：生气。
③饰辞：修饰言辞。
④罪：此字原无，据别本补。
⑤大声：谓雅音高论。里耳：里巷人之耳。里，通"俚"。
⑥《折杨》《皇荂》：二者均为古代俚俗小曲。皇荂，《道藏》各本作"皇华"。华，同"花"。
⑦这里所略去的十余字，比较费解，实不敢强为注译。兹附原文，以便于参读。原文为："以二缶钟惑，而所适不得矣。"按，"缶钟"二字，一本作"垂踵"。
⑧汲汲然：形容紧张担心的样子。

　　孝子不奉承他的双亲，忠臣不谄媚他的国君，这是为臣为子者尽忠尽孝的极致。双亲所说的就认为是对的，双亲所做的就认为是好的，那么，世俗会称之为不肖子；国君所说的就认为是对的，国君所做的就认为是好的，那么，世俗会称之为不肖臣。但是就不知道，世俗的言行难道一定正确吗？世俗认为对的就以为对，世俗认为好的就以为好，却不称其为谄媚阿谀之人。如此说来，那世俗就一定比双亲更可敬，比国君更可尊了？一旦有人说自己是曲意逢迎的人，就勃然冒火；一旦有人说自己是谄媚阿谀的人，就愤然生气。那些一生曲意逢迎之人，一生谄媚阿谀之人，花言巧语，哗众取宠，他们本应受"道谀"之罪，但始终不见罪罚。衣冠楚楚，一本正经，曲意逢迎，谄媚阿谀举世之人，却不承认自己谄媚阿谀。与那样的人为伍，是非标准相同，却不承认自己是庸俗之人，实在是愚昧到了极点。认识到自己愚昧的人，并非最大的愚昧；认识到自己迷惑的人，并非最大的迷惑。大迷惑之人，一辈子不觉悟；大愚昧之人，一辈子不明白。假如三人同行而有一人迷惑，那么,所要到达的地方,还是可以到达的,因为迷惑的人只占少数;假如有两个人迷惑,那么,将会白折腾而到不了目的地,因为迷惑的人占了多数。可如今举天下之人都迷惑,我尽管有追求的目标,却不能够达到,不也够悲哀的吗?

雅乐难以被世俗人所欣赏,而《折杨》《皇荂》之类里巷谣曲,世俗人听了却欣然欢笑。所以,高论不会停留在世俗人的心中;真理不被认识,谬论则占了上风……可如今举天下之人都迷惑,我尽管有追求的目标,又如何能够达到呢?明知不能够达到,却还勉为其难,实在是又一迷惑呀!所以,不如扔在一边不去探究。不去探究,谁又能与我同忧呢?丑病之人夜半生下孩子,马上拿过灯来照着看新生儿,惶惶然唯恐孩子长得和自己一个模样。

百年之木,破为牺尊,青黄而文之,其断在沟中。比牺尊于沟中之断,则美恶有间矣,其于失性一也。跖与曾、史,行义有间矣,然其失性均也。且夫失性有五:一曰五色乱目①,使目不明;二曰五声乱耳②,使耳不聪;三曰五臭熏鼻③,困惾中颡④;四曰五味浊口⑤,使口厉爽;五曰趣舍滑心⑥,使性飞扬。此五者,皆生之害也⑦。而杨、墨乃始离跂自以为得⑧,非吾所谓得也。夫得者困,可以为得乎?则鸠鸮之在于笼也,亦可以为得矣。且夫趣舍声色以柴其内,皮弁鹬冠搢笏绅修以约其外⑨。内支盈于柴栅,外重缪缴,睆睆然在缪缴之中而自以为得⑩,则是罪人交臂历指而虎豹在于囊槛,亦可以为得矣!

注释

①五色:指青、黄、赤、白、黑。
②五声:指宫、商、角、徵、羽。
③五臭:指膻、焦、香、腥、朽。
④惾(zōng):壅塞。中(zhòng):伤害。颡(sǎng):额头。
⑤五味:指酸、辛、甘、苦、咸。
⑥趣舍滑(gǔ)心:趣舍,即取舍。滑,迷乱。
⑦生:通"性"。
⑧离跂:形容得意洋洋、昂首阔步的样子。
⑨皮弁(biàn)鹬(yù)冠:皮革做的帽子和鸟羽装饰的帽子。
⑩睆睆(huǎn)然:形容极目远望之状。

百年之树,剖开制成了祭神酒器,再涂抹上青黄的彩饰;弃而不用的断木,则抛扔于沟中。祭神酒器与沟中断木相比,其美好与丑陋判然有别。但是,从丧失了树木之本性的方面来看却是相同的。盗跖与曾参、史鱼相比，其品行之或凶或孝或直判然有别。但是，从丧失了人之本性的方面来看却是相同的。丧失本性的情形有五种：一是青、黄、赤、白、黑之五色迷乱视觉，使目不明；二是宫、商、角、徵、羽之五声迷乱听觉，使耳不聪；三是膻、焦、香、腥、朽之五种气味迷乱嗅觉，刺激鼻腔，壅塞鼻窦，甚至伤害脑门；四是酸、辛、甘、苦、咸之五味迷乱味觉，使口腔发病受伤；五是爱恨取舍种种欲念迷乱心灵，使心性轻浮躁竞。这五种情形，都是人之本性的祸害。可是，那杨朱、墨翟竟然躁竞不已，还洋洋自得，这并非我所说的"得"。有所得者反倒为其所困，这能够算是"得"吗？那么，雉鸠、鸱鸮困于笼中也可以算是"得"了。更有甚者，声色爱恨迷乱于心，冠冕版带拘束于外。心内堵满烂柴乱栅，体外缠缚重重绞索，还瞪大着双眼在绞索中满以为有所"得"，如此说来，那囚犯被五花大绑，虎豹被羁执笼槛，也可以称得上是"得"了！

天　运

题解

《天运》是外篇中的第七篇。本篇择取篇首句中两个实词组合成标题。题旨依然是关于无为而治。但这里重点突出了这么一点：天、地、日、月、风、雨等宇宙现象的发生、发展与变化，都是自然而然地运行的，帝王君天下，"顺之则治，逆之则凶"。这就是说，人君治政应该无知无欲任自然，与时推移，"应时而变"，其如仁义礼法皆为先王之陈迹，死抱旧法好比东施效颦，只能碰壁出丑。因而，三皇五帝之所为皆不足取，唯弃名声，守本真，逍遥苟简，无为易养，不贷无出，方可无为而无不为。这是本篇论说的主题思想。

原文

"天其运乎？地其处乎？日月其争于所乎？孰主张是①？孰维纲是②？孰居无事推而行是？意者其有机缄而不得已邪③？意者其运转而不能自止邪？云者为雨乎？雨者为云乎？孰隆施是？孰居无事淫乐而劝是？风起北方，一西一东，有上仿徨。孰嘘吸是？孰居无事而披拂是④？敢问何故？"巫咸袑曰："来，吾语汝。天有六极五常⑤，帝王顺之则治，逆之则凶。九洛之事，治成德备，监照下土，天下戴之，此谓上皇。"

①主张：主宰与运作。
②维纲：维系，维持。
③意者：或者。
④披拂：扇动，吹动。

⑤六极五常：六极即六合，指东、南、西、北、上、下。五常即五行，指金、木、水、火、土。

【译文】

"天在运行吗？地在静止吗？日月交替而往复出没，是在追赶着回其处所吗？这样的情形是谁在主宰和运作的呢？是谁在维持呢？是谁闲得没事干因而推动运行的呢？或者因为有某种机关枢纽在作用而无法停止？或者由于内在运作转动的惯势而不能自我中止？是云化为雨呢，还是雨托为云呢？是谁在兴云降雨呢？是谁闲来无事寻欢作乐鼓捣成如此这般呢？风起于北方，或西或东，往来上下，飘忽不定。是谁翕张吐纳一呼一吸而成风呢？是谁闲得无聊而摆动树、摇摆木、飘动花、吹动草？请问这是什么缘故？"巫咸袑说："过来，我告诉你。天有六合五行，帝王因顺而行就天下太平，违逆而作就遭殃。顺乎自然，九州事务，功成德备，光照大地，天下拥戴，这就是至高无上的帝王。"

【原文】

商大宰荡问仁于庄子①。庄子曰："虎狼，仁也。"曰："何谓也？"庄子曰："父子相亲，何为不仁！"曰："请问至仁。"庄子曰："至仁无亲。"大宰曰："荡闻之，无亲则不爱，不爱则不孝。谓至仁不孝，可乎？"庄子曰："不然，夫至仁尚矣，孝固不足以言之。此非过孝之言也，不及孝之言也。夫南行者至于郢②，北面而不见冥山，是何也？则去之远也。故曰：以敬孝易，以爱孝难；以爱孝易，以忘亲难；忘亲易，使亲忘我难；使亲忘我易，兼忘天下难；兼忘天下易，使天下兼忘我难。夫德遗尧、舜而不为也，利泽施于万世，天下莫知也，岂直大息而言仁孝乎哉③！夫孝悌仁义，忠信贞廉，此皆自勉以役其德者也，不足多也④。故曰：至贵，国爵并焉⑤；至富，国财并焉；至愿，名誉并焉。是以道不渝。"

①商大宰荡：商，这里指宋国，宋是商的后裔。大宰，官名。荡，大宰名。
②郢：春秋战国时楚国的都城，在今湖北江陵纪南城。
③大息：这里有嗟叹赞美之意。
④多：赞美，推崇。
⑤并：通"摒"，抛弃。

宋国大宰荡问庄子关于仁的含义。庄子说："虎狼具有仁性。"大宰说："这是怎么说呢？"庄子说："虎狼也父子相亲，凭什么说不是仁呢？"大宰说："请问，什么是至仁?"庄子说:"至仁无所谓亲。"大宰说:"我听说,不存在亲就不会有爱,没有爱就不会有孝。那么,说至仁就是不孝,可以吗?"庄子说:"不能这样说。至仁乃最高境界,孝还不足以说明至仁的境界。这并不是说至仁超过了孝,而是说至仁与孝并不相干。比方说,往南走来到郢都,面朝北方却看不见冥山,这是为什么呢?原因是距离冥山太遥远了。所以说,用恭敬的态度行孝容易,以爱的本心来行孝困难;用爱的本心来行孝容易,使父母安心适意难;使父母安心适意容易,让父母不为我牵挂难;让父母不为我牵挂容易,无论亲疏一概忘怀难;无亲无疏一切忘怀容易,让天下人皆忘我难。遗忘尧舜不足以为德,利泽及于万世而天下不知,难道还要赞叹宣扬仁孝吗?孝悌仁义,忠信贞廉,这些都是被称做美德而束缚了真性的,不值得去推崇。所以说,最尊贵的,即如一国之爵尽可抛弃;最富足的,即如一国之财尽可抛弃;最风光的,任何名誉都可以抛弃。所以大道是永恒不变的。"

原文

北门成问于黄帝曰①:"帝张咸池之乐于洞庭之野②,吾始闻之惧,复闻之怠,卒闻之而惑,荡荡默默,乃不自得。"帝曰:"汝殆其然哉!吾奏之以人,征之以天,行之以礼义,建之以太清……四时迭起,万物循生。一盛一衰,文武伦经。一清一浊,阴阳调和,流光其声。蛰虫始作,吾惊之以雷霆。其卒无尾,其始无首。一死一生,一偾一起③,所常无穷,而一不可待。汝故惧也。吾又奏之以阴阳之和,烛之以日月之明。其声能短能长,能柔能刚,变化齐一,不主故常。在谷满谷,在阬满阬④。涂郤守神,以物为量。其声挥绰,其名高明。是故鬼神守其幽,日月星辰行其纪⑤。吾止之于有穷,流之于无止。予欲虑之而不能知也,望之而不能见也,逐之而不能及也。傥然立于四虚之道⑥,倚于槁梧而吟:'目知穷乎所欲见,力屈乎所欲逐,吾既不及,已夫!'形充空虚,乃至委蛇。汝委蛇,故怠。吾又奏之以无怠之声,调之以自然之命。故若混逐丛生,林乐而无形⑦,布挥而不曳,幽昏而无声。动于无方,居于窈冥,或谓之死,或谓之生;或谓之实,或谓之荣。行流散徙,不主常声。世疑之,稽于圣人。圣也者,达于情而遂于命也。天机不张而五官皆备。此之谓天乐,无言而心说。故有焱氏为之颂曰⑧:'听之不闻其声,视之不见其形,充满天地,苞裹六极。'汝欲听之而无接焉,而故惑也。乐也者,始于惧,惧故祟;吾又次之以怠,怠故遁;卒之于惑,惑故愚;愚故道,道可载而与之俱也。"

① 北门成：姓北门，名成。
② 张咸池：张，设，演奏。咸池，古乐曲名。
③ 偾(fèn)：僵仆，跌倒。
④ 阬：通"坑"。
⑤ 纪：轨道。
⑥ 傥然：茫然若失的样子。
⑦ 林乐：群乐，众乐。
⑧ 有焱(yàn)氏：即神农氏。焱，同"炎"。

　　北门成问黄帝："你在空阔的原野上演奏乐曲《咸池》，我刚听时是惊惧的感觉，再往下听时放松了，最后听起来的感受又迷惑不解了，迷离恍惚，不能自主。"黄帝说："你恐怕就该是这样的感受！我的演奏因顺人事，取法自然，表现礼义，应合天道。四季应时而起，万物循序而生。或者繁茂，或者衰败，演变生杀予夺，喻示文治武功。或清或浊，阴阳调和，乐音荡漾，充满天地之间。冬眠百虫开始活动，我以雷霆惊动它们。乐曲的终结寻不见尾声，乐调的开头寻不见序曲。一会儿寂灭，一会儿复活，一会儿跌落，一会儿亢奋，万物生死起落都表现在乐音的高低静响之中，变化无穷，完全不可预料。所以你害怕了。我又用阴阳的和谐来演奏，以日月的光明来照耀。乐音能短能长，能柔能刚，变化多样而有章可循，虽有章法但不落俗套。乐声流播，充满川谷坑洞，堵塞欲壑，持守精神，顺任万物以为度量。乐声悠扬和谐，乐调高亢明快。因而鬼神守留在它们的阴暗角落，日月星辰运转于自己的轨道。我演奏之乐，止于所当止，行于所当行，我要思虑它而弄不明白，要观望它而难以觅见，要追赶它而望尘莫及。茫然若失地立于四方渺远空虚之路，倚身于枯槁的梧桐而吟叹：'目光与智慧穷尽于所要见到的，精力穷尽于所要追逐的，既然我已经追攀不及，那就算了吧！'形体充实而心境空明，于是乎顺应变。能够随顺应变，于是乎舒缓宽闲而放松。我又奏出无怠的主题，和之以天道变化的旋律。于是乎混杂相逐，丛聚并生，众乐合奏而浑然一体，乐音奔放而不滞涩，声情幽远而没有声音。乐起则变化无穷，乐止则邈远无迹，或以为是幻灭，或以为是诞生，或以为是结果，或以为是开花。旋律的发展流变，音声的飘散转变，并不固守陈词滥调。世人为之疑惑，于是求教于圣人。圣人与万物情性相通而又因顺自然的规律。五官具备而神理不动，完全安于自然的变化。这就是天乐，无须言说而内心愉悦。所以神农氏赞颂它说：'倾听它却不闻声音，注视它却不见形像，充满了天地，蕴藏了六极。'你想听个明白却总是捉摸不定，所以你当然迷惑。这乐章，起调于惊惧，惊惧所以担心有祸祟；我又演奏放松的旋律，宽闲放松则惊惧之情不复存在；乐曲终之以迷惑，迷惑则暗昧无识；暗昧无识则合于道，达于这样的境界，也就与道浑然合一了。"

原文

孔子西游于卫①,颜渊问师金曰:"以夫子之行为奚如?"师金曰:"惜乎②!而夫子其穷哉③!"颜渊曰:"何也?"师金曰:"夫刍狗之未陈也④,盛以箧衍,巾以文绣,尸祝齐戒以将之⑤。及其已陈也,行者践其首脊,苏者取而爨之而已⑥。将复取而盛以箧衍,巾以文绣,游居寝卧其下,彼不得梦,必且数眯焉。今而夫子亦取先王已陈刍狗,聚弟子游居寝卧其下。故伐树于宋,削迹于卫,穷于商周,是非其梦邪?围于陈蔡之间,七日不火食,死生相与邻,是非其眯邪?夫水行莫如用舟,而陆行莫如用车。以舟之可行于水也,而求推之于陆,则没世不行寻常。古今非水陆与?周鲁非舟车与?今蕲行舟于鲁,是犹推舟于陆也!劳而无功,身必有殃。彼未知夫无方之传⑦,应物而不穷者也。且子独不见夫桔槔者乎?引之则俯,舍之则仰。彼,人之所引,非引人者也。故俯仰而不得罪于人。故夫三皇五帝之礼义法度,不矜于同而矜于治。故譬三皇五帝之礼义法度,其犹柤梨橘柚邪!其味相反而皆可于口。故礼义法度者,应时而变者也。今取猨狙而衣以周公之服,彼必龁啮挽裂,尽去而后慊⑧。观古今之异,犹猨狙之异乎周公也。故西施病心而矉其里⑨,其里之丑人见之而美之,归亦捧心而矉其里。其里之富人见之,坚闭门而不出;贫人见之,挈妻子而去走。彼知矉美而不知矉之所以美。惜乎,而夫子其穷哉!"

注释

①卫:卫国,在今河南省一带。
②惜乎:可怜啊。
③穷:窘困,倒霉。
④刍(chú)狗:用茅草扎成的用于祭祀的狗。
⑤齐:通"斋"。
⑥苏者:割草的人。
⑦传:驿车。
⑧慊(qiè):满意。
⑨矉:通"颦",皱眉。

译文

孔子西游到卫国。颜渊问师金:"你认为夫子此行怎么样?"师金说:"可怜啊,你的老师要倒霉呀！"颜渊说："为什么呢？"师金说："用草扎成的狗还没有用来献祭的时候，用竹筐盛着，用丝巾盖着，巫师斋戒了才能奉迎。等到献祭之后，过路的人践踏它的头颅和脊背，割草的人捡回去烧火煮饭罢了。若有人再拿来用竹筐盛，用丝巾盖，游乐居处而取来睡于身旁，即使他不会做噩梦，也会屡屡被惊吓。现在你的老师也拿了先王已献祭过的刍狗，聚集弟子，游历居处而睡在一旁。所以在宋国有伐树的屈辱，在卫国被驱逐，在商周等地也弄得十分狼狈，这难道不是噩梦吗？围困在陈、蔡两国的边境上，饿了七天，在死亡的边缘上度日，这不是困扰吗？水上交通莫过于用船，陆地上行走莫过于用车。以为船可行于水上便希望在陆地上推着走，那一辈子也走不了几步。古与今不就像水与陆的区别吗？周与鲁不就像船与陆的区别吗？现在希求在鲁国推行周朝的礼法，这就好比是在陆地上行船啊！徒劳而无功，自身一定会遭殃。他不明白那没有固定方向的驿车随时顺变，能不断地与外界形势相应和。况且，你就没见到那吊竿汲水的情景吗？用手拉吊竿，桔槔横木就俯下，放手则横木便上仰。桔槔呢，是被人所牵引的，而不是牵引人的，所以它或俯或仰都不会得罪于人。所以，那三皇五帝的礼法制度并非因为相同才可贵，而可贵在它们能使天下太平。所以打个比方说吧，那三皇五帝的礼法制度就好像是楂、梨、橘、柚呀，味道全然不同却都是可口的。所以呢，礼法制度是随着时代的变化而改变的。现在让猿猴穿上周公的衣服，它一定会又咬又扯，完全脱光了才觉得痛快。看古今的不同，就像猿猴与周公的不同一样。所以美女西施犯心脏病的时候皱着眉头，邻居中的丑女觉得很美，回去后也捂着胸皱着眉，村里的富人见了，紧闭家门而不出；贫穷的人见了，带着妻子儿女远远地跑开了。她知道皱眉头美但不知道皱眉头为什么美。可怜啊，你的老师要走向穷途末路了！"

原文

孔子行年五十有一而不闻道，乃南之沛见老聃。老聃曰："子来乎？吾闻子，北方之贤者也！子亦得道乎？"孔子曰："未得也。"老子曰："子恶乎求之哉？"曰："吾求之于度数，五年而未得也。"老子曰："子又恶乎求之哉？"曰："吾求之于阴阳，十有二年而未得也。"老子曰："然。使道而可献，则人莫不献之于其君；使道而可进，则人莫不进之于其亲；使道而可以告人，则人莫不告其兄弟；使道而可以与人，则人莫不与其子孙。然而不可者，无佗也①，中无主而不止，外无正而不行。由中出者，不受于外，圣人不出；由外入者，无主于中，圣人不隐。名，公器也，不可多取。仁义，先王之蘧庐也②，止可以一宿而不可久处。觏而多责③。古之至人，假道于仁④，托宿于义，以游逍遥之虚⑤，食于苟简之田，立于不贷之圃。逍遥，无为也；苟简，易养也；不贷，无出也。古者谓是'采真之游'。以富为是者,不能让禄;以显为是者,不能让名。亲权者,不能与人柄,操之则栗,舍之则悲,而一无所鉴,以窥其所不休者,是天之戮民也。怨、恩、取、与、谏、教、生、杀八者,正之器也,唯循大变无所湮者为能用之⑥。故曰:正者,正也。其心以为不然者,天门弗开矣。"

① 佗:通"他"。
② 蘧(qú)庐:古代称旅舍。
③ 觏(gòu):遇见。
④ 假道:借路。
⑤ 虚:通"墟",境地。
⑥ 湮(yān):淤塞,停滞。

　　孔子都已经五十一岁了还未能悟得道,于是往南去沛地拜见老聃。老聃说:"你来了吧?我听说你是北方的贤者,你大概已经领悟道了吧?"孔子说:"还没有呢?"老子说:"你是怎么求道呢?"孔子说:"我从礼法制度来寻求,五年还没能悟得。"老子说:"你又怎么去寻求呢?"孔子说:"我从阴阳变化的理论方面来探求,十二年还没能悟得。"老子说:"自然会这样的。如果道可以奉送,那么谁都会将道奉送给君主;如果道可以进贡,那么谁都会将道进贡给父母;如果道可以传授,那么谁都会将道传授给兄弟;如果道可以赠予,那么谁都会将道赠予给子孙。然而之所以不行,没有别的原因,内心未能悟得,那么道就不可能居留,向外未能印证,那么道就无法推行。由内心悟得,不为外界接受,圣人也不出示;由外界进入,未被内心领悟,圣人也不隐藏。名誉,是大家都争着要的,不能贪求。仁义,是先王的旅舍,只可以住一夜而不能长久逗留。打交道多了难免有所责备。古代的至人,以仁为偶尔经过的路径,以义为暂时止宿的旅舍,遨游于悠然自由的境界,生活于马虎而简朴的田地,立身于不施舍不叫卖的园圃。悠然自由便是无为,马虎简朴就容易自足,不赠不卖便不耗费。古人称这是'采真之游'。追求财富的人不愿意放弃利禄,追求荣耀的人不愿意放弃名誉。热衷于权势的人不愿意放弃权力,拥有之时害怕,丧失之时悲哀,而那些全无鉴识,死盯住无休止追逐对象不放的人,正是违反天性而近于自杀的'天之戮民'。怨、恩、取、与、谏、教、生、杀,这八种正人与正己的手段,只有那因顺天道而无所滞碍的人方能运用。所以说:正天下的工具就是用来正天下的,但只有以天道为根本才能用好这些手段。假如内心认为不是这样,那么,天道之门是不会为他打开的。"

　　孔子见老聃而语仁义。老聃曰:"夫播糠眯目①,则天地四方易位矣;

103

蚊虻嚛肤②，则通昔不寐矣③。夫仁义憯然④，乃愤吾心⑤，乱莫大焉。吾子使天下无失其朴，吾子亦放风而动⑥，总德而立矣！又奚杰然若负建鼓而求亡子者邪！夫鹄不日浴而白⑦，乌不日黔而黑⑧。黑白之朴，不足以为辩；名誉之观，不足以为广。泉涸，鱼相与处于陆，相呴以湿，相濡以沫，不若相忘于江湖。"

①眯(mí)：灰沙等物入眼。
②嚛(zǎn)：叮咬。
③通昔：整夜。昔，通"夕"。
④憯：通"惨"。
⑤愤：此字当做"愦"，意谓迷乱。
⑥放：依。
⑦日浴：每天洗澡。
⑧日黔：每天染黑。

孔子见了老聃而谈论仁义。老聃说："播扬起的糠屑飞入眼睛，那么上天下地东南西北都会因此而倒错位置。蚊虻叮咬了皮肤，那么一整夜都将难以入眠。仁义带来的毒害十分惨痛，以至于使人昏乱迷糊，造成的祸乱没有什么比仁义更大的了。你要让天下人别丧失真朴，你可以任风起风息一样地行动，依照自然规律，顺化而行。又何必像击鼓而追逃亡人那样艰难费力地鼓吹仁义呢？天鹅不是每日洗浴而白，乌鸦不是每日涂墨而黑。黑与白皆出于本然，不值得辩论；名声与荣誉都是外在的东西，不值得加以推崇。泉水枯竭了，鱼儿们一块儿被困在陆地上，互相用湿气呼吸，互相用口沫滋润，还不如彼此相忘于江湖之中。"

孔子见老聃，归，三日不谈。弟子问曰："夫子见老聃，亦将何规哉？"孔子曰："吾乃今于是乎见龙。龙，合而成体，散而成章，乘云气而养乎阴阳。予口张而不能嗋。予又何规老聃哉？"子贡曰："然则人固有尸居而龙见，雷声而渊默，发动如天地者乎？赐亦可得而观乎？"遂以孔子声见老聃。老聃方将倨堂而应①，微曰："予年运而往矣，子将何以戒我乎？"子贡曰："夫三皇五帝之治天下不同，其系声名一也。而先生独以为非圣人，如何哉？"老聃曰："小子少进！子何以谓不同？"对曰："尧授舜，舜授禹。禹用力而汤用兵，文王顺纣而不敢逆，武王逆纣而不肯顺，故曰不同。"老聃曰："小子少进，余语汝三皇五帝之治天下：黄帝之治天下，使民心一。民有其亲死不哭而民不非也。尧之治天下，使民心亲。民有为其亲杀其杀而民不非也。舜之治天下，使民心竞。民孕妇十月生子，子生五月而能言，不至乎孩而始谁，则人始有夭矣。禹之治天下，使民心变，人有心而兵有顺，杀盗非杀。人自为种而'天下'耳。是以天下大骇，儒墨皆起。其作始有伦，而今乎妇女②，何言哉！余语汝：三皇五帝之治天下，名曰治之，而乱莫甚焉。三皇之知，上悖日月之明，下睽山川之精，中堕四时之施。其知憯于蛎虿之尾③，鲜规之兽，莫得安其性命之情者，而犹自以为圣人，不可耻乎？其无耻也！"子贡蹴蹴然立不安④。

注释

①倨堂：坐于堂上。倨，通"踞"，坐。
②妇女：以女为妇。
③蛎(lì)虿(chài)：蝎子一类的毒虫。
④蹴蹴然：形容心神不宁的样子。

译文

　　孔子见过了老聃回来，三天不言不语。弟子问："先生见了老聃，都有些什么规谏呢？"孔子说："我现在终于见到了龙。龙，合而成一体，龙散则成五彩，腾云驾雾而遨游于阴阳之间。我张大了嘴而不能合拢，我又怎么能规谏老聃呢？"子贡说："那么还真有能表面寂然不动，实则龙一般活跃，能表面深沉默然，实则震动如雷，活动如天地般自然的人吗？我也可以去见识见识吗？"子贡于是凭着孔子的名声去见老聃。老聃正坐于堂上，微声说道："我已年纪老大了，你对我有什么指教呢？"子贡说："三皇五帝治理天下方式不尽相同，但他们享有盛名这一点是完全相同的。可先生您偏偏认为他们不是圣人，因为什么呢？"老子说："年轻人，你稍稍往前些！你凭什么说不同呢？"子贡回答说："尧传位于舜，舜传位于禹。禹用劳力而汤用兵力，文王顺从纣王而不敢有所违背，武王违逆商纣而不肯顺从，所以说不同。"老聃说："年轻人近前些！我跟你说说三皇五帝治理天下之事。黄帝治理天下，使民心淳朴归真。有谁死了爹或娘不哭泣而无人非议。帝尧治理天下，使民各亲其亲，亲戚有远近亲疏的区别，而人民不加非议。帝舜治理天下，使民心争竞，孕妇怀孕十月而生子，孩子生下才五个月便能说话，年尚幼小就开始区分人我，那么人也就有了短命的现象。夏禹治理天下，使民心变坏，人人都用机谋，打打杀杀已成理所当然，认为杀死盗贼不同于杀人。拉帮结伙标榜'我为天下'。因此天下大乱，人民惊恐，儒家、墨家全都兴起。起初，他们还讲究伦理，可现在以女为妇，还说什么呢？我告诉你：三皇五帝治理天下，名义上称做治理，实际上祸乱最为严重。三皇的智识，上遮蔽了日月之光明，下违背了山川之精灵,中破坏了四时之运行。他们的智慧毒于蝎尾,就连动物都难以安身立命,还自认为是圣人,不可耻吗?实在是无耻!"子贡惶然而立,心神不安。

原文

孔子谓老聃曰:"丘治《诗》《书》《礼》《乐》《易》《春秋》六经,自以为久矣,孰知其故矣,以奸者七十二君,论先王之道而明周、召之迹①,一君无所钩用。甚矣!夫人之难说也?道之难明邪?"老子曰:"幸矣,子之不遇治世之君也!夫六经,先王之陈迹也,岂其所以迹哉!今子之所言,犹迹也。夫迹,履之所出,而迹岂履哉!夫白鶂之相视②,眸子不运而风化;虫,雄鸣于上风,雌应于下风而风化③。'类'自为雌雄,故风化。性不可易,命不可变,时不可止,道不可壅。苟得于道,无自而不可;失焉者,无自而可。"孔子不出,三月复见,曰:"丘得之矣。乌鹊孺④,鱼傅沫⑤,细要者化⑥,有弟而兄啼。久矣夫,丘不与化为人!不与化为人,安能化人。"老子曰:"可,丘得之矣!"

①周、召:指周公、召公,都是周武王时的功臣。
②白鶂(yì):同"鹢"。水鸟名。形似鸬鹚而色白,善高飞。
③风化:交配。化,孕育。
④孺:通"乳"。生育。
⑤傅沫:以口沫相交受孕。傅,相互。
⑥要:通"腰"。

孔子对老聃说:"我研究《诗》《书》《礼》《乐》《易》《春秋》六经,自以为时间很长了,熟悉了过去的典章制度,以此游说列国君主,阐说先王之道,张扬周公、召公的业绩,可是,没有一个君主接受我的主张。太难了!是人难以说服呢,还是道难以发扬光大呢?"老子说:"幸运哪,你没有遇上太平之世的君主!那六经,都是先王时代过去的足迹,这哪里是足迹的本源呢!现在你所说的话,也好比是足迹。足迹是鞋踩出来的,然而足迹等于鞋吗?那白鶂鸟两两对视,眼珠子不动而能受孕生育;虫子,雄的鸣叫于上风,雌的应和于下风就能够受孕生育。'类'这种动物雌雄同体,所以能自我繁殖。本性不能改变,天命不能更改,时间不可停留,天道不可堵塞。如果能够领悟到道,就没有什么不可以的;失去道,就没有什么可以的。"孔子闭门不出,三个月后又去见老子,说:"我已经领悟了道了。乌鸦喜鹊孵卵而生子,鱼儿口沫相濡而受孕,蜂类自化产子,生了弟弟当哥的就会啼哭。

很久了,我没有和造物主交友!不与造物主交友,怎么能去教化别人呢。"老子说:"好了,孔丘你得道了!"

刻　意

《刻意》是外篇中的第八篇。本篇取篇首二字为题目,主要谈论"养神之道"。作者指出:"若夫不刻意而高,无仁义而修,无功名而治,无江海而闲,不道引而寿,无不忘也,无不有也。淡然无极而众美从之。此天地之道,圣人之德也。"他所重申的仍是无欲、无名、无己,是无为而无不为。他认为"养神之道"就在于"纯粹而不杂,静一而不变,惔而无为,动而以天行"。意思是说,要思想精纯而无杂念,心气虚静专一不妄动,恬淡无为,运动则顺应自然而行。"无所与杂"谓之"素";"不亏其神"谓之"纯"。作者的结论是:"能体纯素,谓之真人。"无疑地,所谓"真人",亦即得"养神之道"的人。

刻意尚行①,离世异俗,高论怨诽,为亢而已矣②。此山谷之士,非世之人,枯槁赴渊者之所好也。语仁义忠信,恭俭推让,为修而已矣。此平世之士,教诲之人,游居学者之所好也。语大功,立大名,礼君臣,正上下,为治而已矣。此朝廷之士,尊主强国之人,致功并兼者之所好也。就薮泽,处闲旷,钓鱼闲处,无为而已矣。此江海之士,避世之人,闲暇者之所好也。吹呴呼吸③,吐故纳新,熊经鸟申④,为寿而已矣。此道引之士,养形之人,彭祖寿考者之所好也。若夫不刻意而高,无仁义而修,无功名而治,无江海而闲,不道引而寿,无不忘也,无不有也。淡然无极而众美从之。此天地之道,圣人之德也。

①刻意尚行:刻意,磨砺心志。尚行,使行为高尚。
②亢:高。
③吹呴:呼气。快就叫吹,慢就叫呴。呴,通"嘘"。
④熊经鸟申:熊经,像熊一样悬于树上。经,悬吊、悬挂。鸟申,像鸟那样伸展身体。

磨砺心志使行为高尚,超凡脱俗,高谈阔论埋怨诽谤,为了表现清高罢了。这是深山幽谷的隐士,抨击世俗的人,以及那些洁身自好、宁愿牺牲自己的人所一心追求的。宣扬仁爱、道义、忠诚、信用、恭敬、节俭、辞让、谦逊,是为了修身罢了。这是那些以安定社会为己任的人,以教育家自居的人,以及那些或者到处游说,或者定居讲学的人所一心追求的。谈论大功,建立大名,使君臣以礼相待,维持上下等级的秩序,这正是为了平治天下罢了。这样的人正是做官的人,正是推崇君主、维护君权的人,正是致力于兼并别的诸侯国的人所一心追求的。到有湖泊沼泽的地方去,生活在旷野和荒凉的地方,以垂钓的方式来消遣时光,这算是无为自在罢了。这些是隐居在江海之中的人,是逃避世事、与世无争的人,是那些闲暇无事的人一心追求的。翕张呼吸,吐故纳新,像熊一样悬吊于树上,像鸟那样伸展身体,这是为了延年益寿罢了。这样的人是导通气血、柔和肢体、延长寿命的人,这正是像彭祖那样长寿的人一心追求的。如果不在思想意志上严厉地要求自己,不讲求仁义而自然修身,不追求功名而天下自然得到治理,不用隐居到江湖而心境自然悠闲,不需用导通气血、柔和肢体而自然延长寿命,一切都无心,却又一切都可以得到。非常地淡漠,而一切美好的东西都随之而来,这些就是天地的大道,圣人的至德了。

原文

故曰:夫恬惔寂漠①,虚无无为,此天地之平而道德之质也②。故曰:圣人休休焉则平易矣。平易则恬惔矣。平易恬惔,则忧患不能入,邪气不能袭,故其德全而神不亏。故曰:圣人之生也天行③,其死也物化。静而与阴同德,动而与阳同波。不为福先,不为祸始。感而后应,迫而后动,不得已而后起。去知与故,循天之理。故无天灾,无物累,无人非,无鬼责。其生若浮,其死若休。不思虑,不豫谋④。光矣而不耀,信矣而不期。其寝不梦,其觉无忧。其神纯粹,其魂不罢⑤。虚无恬惔,乃合天德。故曰:悲乐者德之邪;喜怒者道之过;好恶者德之失。故心不忧乐,德之至也;一而不变,静之至也;无所于忤,虚之至也;不与物交,惔之至也;无所于逆,粹之至也。故曰:形劳而不休则弊,精用而不已则劳,劳则竭。水之性,不杂则清,莫动则平;郁闭而不流⑥,亦不能清,天德之象也。故曰:纯粹而不杂,静一而不变,惔而无为,动而以天行,此养神之道也。

① 惔:通"淡"。
② 平:准则。
③ 天行:自然天道的运行变化。
④ 豫谋:预测未来。豫,通"预"。

⑤罢：通"疲"。
⑥郁闭：郁，郁积。闭，闭塞。

所以说，恬淡、寂寞、虚空、无为，这些是天地的准则和道德修养的极致。所以说，圣人宽容，与外界事物没有矛盾而安稳。安稳便得恬淡。安稳恬淡了，那么忧患就不能进入内心，邪气不能侵袭机体，所以他们的德行完整而且精神不亏损。所以说，圣人生在世间时，顺应自然而行，死后和万物一样变化而去。平静时与阴气一样隐寂，运动时又与阳气一样合流。不做幸福的起因，也不做祸患的开始。外有所感而内有所回应，有所逼迫之后有所行动，不得已才兴起。抛弃智慧与习惯，遵循自然的规律。因而没有了自然的灾害，没有了外物的负累，没有了别人的非议，没有了鬼神的责难。生于人寰就像在水面上漂浮，死离尘世就像疲倦后的休息。他们不思考，也不预测未来的事情。虽然光明却不显耀，虽然守信而不必约定，顺其自然。他们睡觉不做梦，他们睡醒后没有忧虑，他们内心清净，所以没有什么杂念，精神闲适，所以不会疲劳。虚无恬淡，才符合自然的德性规律。所以说，悲哀和欢乐是背离德行的邪僻，喜悦和愤怒是违反道的过错，喜好和憎恶是心的失误。所以内心没有忧乐，是德的极致，专一而不变，是恬淡的极致；没有违逆，是虚空的极致。不与外物交易，是淡泊的极致；没有悖逆，是纯粹的极致。所以说，形体劳累而不休息就会疲劳，精力使用过度而不停歇就会枯竭。水的本性，不混杂就清澈，不搅动则平静，闭塞而不流通就不能澄清，这是自然的现象。所以说，精纯而不混杂，虚静专一不变动，恬淡无为，运动则顺应自然而行，这就是养神的道理。

夫有干越之剑者①，柙而藏之②，不敢用也，宝之至也。精神四达并流，无所不极，上际于天，下蟠于地③，化育万物，不可为象，其名为同帝。纯素之道，唯神是守。守而勿失，与神为一。一之精通，合于天伦④。野语有之曰："众人重利，廉士重名，贤士尚志，圣人贵精⑤。"故素也者，谓其无所与杂也；纯也者，谓其不亏其神也。能体纯素，谓之真人。

①干：古时候的一个小国，这里指吴国。
②柙：通"匣"。
③蟠：遍及。
④天伦：自然之理。
⑤精：纯粹。

【译文】

今有吴越的宝剑,收藏于匣子中,不敢随便使用,这是最为宝贵的。精神可以四通八达,无处不及,上接近苍天,下遍及大地,化育万物,不露痕迹,它的功用如同天帝。纯精素质的道,就是专心守着自己的精神,使它不要外驰,道和神结合为一。精通纯一之道,合乎自然之理。俗话说:"普通人看重私利,廉洁的人看重名声,贤能的人崇尚志节,圣哲的人重视纯粹的精神。"所以"素"的意思,说的是不含杂质,纯的意思,说的是不损精神,能够体会纯素的人,就是真人。

缮 性

《缮性》是外篇中的第九篇。本篇取篇首二字为题目。缮性,意谓修养心性。此为全篇的立意所在,实际与《刻意》篇一样,仍然讨论"养神之道"。作者指出,以俗学、俗思来修养心性,实际上是不得要领的,应该"以恬养知",即用恬淡来护养心智。三皇五帝以来,之所以道德衰微,原因就在于"文灭质""博溺心"。所以修养心性须知"正己",须懂"得志","不为轩冕肆志,不为穷约趋俗"。正己自正,得志逍遥,心性方得保全。否则,"丧己于物,失性于俗",此无益于缮性养神,无疑乃倒置了本末。

【原文】

缮性于俗学①,以求复其初;滑欲于俗思②,以求致其明:谓之蔽蒙之民。

古之治道者,以恬养知③。生而无以知为也④,谓之以知养恬。知与恬交相养,而和理出其性。……⑤彼正而蒙己德,德则不冒。冒则物必失其性也。古之人,在混芒之中,与一世而得淡漠焉。当是时也,阴阳和静,鬼神不扰,四时得节,万物不伤,群生不夭,人虽有知,无所用之,此之谓至一。当是时也,莫之为而常自然。

【注释】

①俗学:原本作"俗俗学",依别本改。
②滑欲:谓治情。滑,治。
③知:通"智"。
④生:"生"前原有"知"字,依别本改。
⑤这里所省略的一段文字,与庄子思想不相符合,故删去。兹录原文如下,以备参读。原文为:"夫德,和也;道,理也。德无不容,仁也;道无不理,义也;义明而物清,忠也;中纯实而反乎情,乐也;信行容体而顺乎文,礼也。礼乐遍行,则天下乱矣。"

在世俗中修身养性，靠世俗的学问来求回归本性；或者治理人欲而不离庸俗思想，希望能获得明达之境。这样的人，只能叫做闭塞糊涂之人。

古时候求道的人，用恬淡来护养心智。心智生出但不用它来行事，称做用心智护养恬淡。心智和恬淡互相护养，和谐顺畅就从本性中产生出来。……那些能端正并收敛自己德性的人，德性就不会外透，德性外透，万物一定会失去它的本性。古代的人，处在混沌迷蒙之中，和整个世界浑然一体，漠然处之。那时候，阴阳和谐安静，鬼神都不扰乱，四季交替顺应，万物不受伤害，众生没有夭折。人们即使有智，也无处可用，这就叫做最为纯一完满之境界。那时候，不需要做什么，而总是顺其自然。

逮德下衰，及燧人、伏羲始为天下①，是故顺而不一。德又下衰，及神农、黄帝始为天下，是故安而不顺。德又下衰，及唐、虞始为天下，兴治化之流，浇淳散朴，离道以善，险德以行，然后去性而从于心。心与心识知，而不足以定天下，然后附之以文，益之以博②。文灭质，博溺心，然后民始惑乱，无以反其性情而复其初③。由是观之，世丧道矣，道丧世矣，世与道交相丧也。道之人何由兴乎世，世亦何由兴乎道哉！道无以兴乎世，世无以兴乎道，虽圣人不在山林之中，其德隐矣。隐故不自隐。古之所谓隐士者，非伏其身而弗见也④，非闭其言而不出也，非藏其知而不发也⑤，时命大谬也。当时命而大行乎天下，则反一无迹；不当时命而大穷乎天下，则深根宁极而待：此存身之道也。古之存身者⑥，不以辩饰知，不以知穷天下，不以知穷德，危然处其所而反其性⑦，己又何为哉⑧！道固不小行，德固不小识。小识伤德，小行伤道。故曰：正己而已矣。乐全之谓得志。

①燧人、伏羲：燧人，即燧人氏，传说中的远古帝王，发明了钻木取火。伏羲，即伏羲氏，传说中的远古帝王，发明了畜牧业。

②益：增。

③反：通"返"，回归。

④伏其身而弗见：伏，藏。弗，不。见，通"现"。

⑤知：通"智"，智慧。

⑥存：原本为"行"，依别本改。

⑦反:通"返",回归。
⑧己:原本为"已",依别本改。

译文

等到道德衰败,到了燧人、伏羲开始治理天下时,就是顺应但已不再浑然一体。道德继续衰败,到了神农氏、黄帝治理天下时,虽然安定但已不再和顺。道德还在衰败,到得唐尧、虞舜治理天下时,兴起了治理教化的风气,扰乱了淳厚的民性,破坏了质朴的气息,离弃了大道去作为,没有了道德去行动,后来离开了本性而屈从了私心。互相用心机交往,就不能够来安定天下,这以后又附加上文采,增加了博学。文采破灭了本质,博学淹没了心性,这以后人民开始困惑迷乱,不能让他的性情回归到原始的情状。从这看来,人世失去了道德,道德也失去了人世,人世和道德互相失去了。有道的人凭什么能振兴人世,人世又凭什么来振兴道德啊!道不能振兴于世,人世也不能振兴在道上,即使圣人不隐居在山林中,他的道德也隐没于世了。道隐没了,自身形体并没有隐居。古代所讲的隐士,不是隐藏起他的身体来不让人看见他,不是封锁起他的言语来而不讲话,不是藏匿起他的智慧来而不运用,是时机和命运出了大差错。当时机和命运转好通行于天下时,就会回返到纯一至道而没有痕迹;当时机和命运不济,贫乏于天下时,就深藏根本,静待时机。这是保护自我的方法。古代保存自我的人,不用言论来装饰心智,不用心智来困窘天下,不用心智来困惑德性,独自处于他的处所而复归于他的本性,又有什么需要做的呢?大道本来不是小德行,至德不是小见识。小的见识损伤德性,小的德行损害大道。所以说:自正则已。保全心性就叫逍遥自适。

原文

古之所谓得志者,非轩冕之谓也①,谓其无以益其乐而已矣。今之所谓得志者,轩冕之谓也。轩冕在身,非性命也,物之傥来②,寄者也。寄之,其来不可圉③,其去不可止。故不为轩冕肆志,不为穷约趋俗,其乐彼与此同,故无忧而已矣!今寄去则不乐。由是观之,虽乐,未尝不荒也。故曰:丧己于物,失性于俗者,谓之倒置之民④。

①轩冕:轩,高贵的人乘的车子。冕,卿大夫以上的人戴的帽子。
②傥:偶然。
③圉(yǔ):阻挡。
④倒置:本末颠倒。

译文

古代所说的自得自适,不是指居高官显位的,是说他无法再能增加他的快乐了。现在所说的自得自适,是指居于高官显位的。高官显位在身,不是真正的性命所有,就似外物偶尔来到,只是寄存的东西。寄托的东西,它们来去自由,都不能阻止。所以不要为了高官显位而放纵心志,不要因为穷困而趋附世俗。对于贵显与穷困,都一样地快意,所以没有忧虑即可。现在的情形是,寄托的东西失去了,就不快乐。由此看来,即使快乐,也未尝不是迷失了真性。因此说,丧失自我于外物,丧失本性于世俗,这样的人,叫做本末倒置的人。

秋 水

题解

《秋水》是外篇中的第十篇。本篇主要通过对小大、彼此、是非、有无等关系的讨论,形象地发挥了作者相对主义的辩证法思想。《秋水》篇可分两个部分。前一部分是河伯与海若的问答,立意在于:"无以人灭天,无以故灭命,无以得殉名。谨守而勿失,是谓反其真。"意思是说:不要用人为来泯灭自然,不要用做作来泯灭天性,不要因得而为声名做牺牲。谨守"天""命"而不违失,这也就回归本真了。后一部分用几则寓言与故事分别补证和发挥前一部分的立意。本篇选译时有删节。

原文

秋水时至①,百川灌河。泾流之大②,两涘渚崖之间③,不辩牛马④。于是焉河伯欣然自喜,以天下之美为尽在己。顺流而东行,至于北海,东面而视,不见水端。于是焉河伯始旋其面目⑤,望洋向若而叹曰⑥:"野语有之曰:'闻道百,以为莫己若者。'我之谓也。且夫我尝闻少仲尼之闻而轻伯夷之义者⑦,始吾弗信。今我睹子之难穷也,吾非至于子之门则殆矣⑧,吾长见笑于大方之家⑨。"

北海若曰:"井蛙不可以语于海者,拘于虚也⑩;夏虫不可以语于冰者,笃于时也;曲士不可以语于道者⑪,束于教也。今尔出于崖涘,观于大海,乃知尔丑,尔将可与语大理矣。天下之水,莫大于海。万川归之,不知何时止而不盈;尾闾泄之⑫,不知何时已而不虚;春秋不变,水旱不知。此其过江河之流,不可为量数。而吾未尝以此自多者,自以比形于天地,而受气于阴阳,吾在于天地之间,犹小石小木之在大山也。方存乎见小,又奚以自多!计四海之在天地之间也,不似礨空之在大泽乎⑬?计中国之在海内,不似稊米之在大仓乎?号物之数谓之万,人处一焉;人卒九州⑭,谷食之所生,舟车之所通。此其比万物也,不似豪末之在于马体乎?五帝之所连⑮,三王之所争,仁人之所忧⑯,任士之所劳,尽此矣!伯夷辞之以为名,仲尼语之以为博。此其自多也,不似尔向之自多于水乎?"

①时:按时。
②泾(jīng)流:水流。
③两涘(sì):指黄河的两边。涘,水边。渚(zhǔ):水中高地。崖:岸。
④辩:通"辨"。
⑤旋:转变,改变。
⑥若:海神名。
⑦少:贬低。轻:轻视。伯夷:殷商时诸侯孤竹君之子。他认为周武王伐纣乃臣伐君,是不义之举,因而与其弟叔齐守节义而不食周粟,饿死于首阳山。
⑧殆:危险。
⑨大方之家:得道之人。方,道。
⑩虚:同"墟",指井蛙所处的环境。
⑪曲士:浅陋之人。曲,乡曲,乡野。
⑫尾闾:传说排泄海水的地方在大海之东。动物的排泄处大多在尾部,故此拟称。
⑬礨(lěi)空:石块上的孔洞。礨,石块。
⑭人卒:人众。
⑮连:续,承继。
⑯仁人:与下句中"任士",分别指儒家中人与墨家中人。

秋天的雨水随着时节而到,许多河流的水都汇入了黄河。黄河水流变得很大,两岸以及水中小沙洲之间,连牛、马也分辨不清了。于是河伯沾沾自喜,认为天下的美都在自己这里了。他顺着河流向东行,来到了北海,向东面望去,看不到水边。于是河伯一改他自得的面目,而对着浩渺无边的大水对海若慨叹说:"俗话说:'听的道理多了,就认为没有能比得上自己的。'说的就是我啊。而且我曾经听说过,有人既小瞧仲尼的见识,也看不起伯夷的义举,开始我还不相信。如今我一睹您浩大无尽的风采,才知道我如果不是到了您门下就危险了,我将永远被得道之人所耻笑。"

北海之神海若说:"那井底之蛙,之所以不能与之谈论大海,是因为井蛙的见识受居住环境的束缚;那夏生夏死的虫儿,之所以不能与之谈论寒冰,是因为夏虫的见识受生存时间的局限;那孤陋寡闻的人,之所以不能与之谈论大道,是因为浅陋之人的见识受教养的束缚。如今你走出了河岸,看到了大海,知道了自己的浅陋,这就可以与你谈论大道了。天下的水,大不过海。无数的河流都汇入大海,不知何时止息,但大海却不会满溢;海水从尾闾排泄出去,不知何时止息,但大海却不会枯竭;春去秋来,大海并无异常;旱涝不息,大海却无感觉。大海远胜江河处,实在是难以用数字来计量的。但我从来没有因此而自我夸耀过。我以为,成就形体于天地,禀受生气于阴阳,我在天地之间,就像小石、小树置身大山一样。只看到了自己的渺小,又怎么会自傲呢!算算四海在天地之间,不就像大沼泽中石块上的小孔细洞吗?看看中国在四海之内,不就像大粮仓中的一粒小米吗?指称事物的种类是以万来计数的,而人只不过是其中的一种;人类聚居的九州,不过是谷物能生长的地方、车船能到达的范围。这比起万物来,不就像马儿身上的毫毛之末梢吗?五帝所先后承继的,三王所纷纷争夺的,儒家者流所忧虑的,墨家者流所操劳的,也就是这些了。伯夷辞让天下而自以为名节高尚,孔子游说天下而自以为渊博。这都是自傲,不就像你刚才夸耀自己水大吗?

河伯曰:"然则吾大天地而小毫末,可乎?"

北海若曰:"否。夫物,量无穷①,时无止,分无常②,终始无故③。是故大知观于远近,故小而不寡,大而不多:知量无穷。证曏今故④,故遥而不闷,掇而不跂⑤:知时无止。察乎盈虚,故得而不喜,失而不忧:知分之无常也。明乎坦涂⑥,故生而不说,死而不祸:知终始之不可故也。计人之所知,不若其所不知;其生之时,不若未生之时;以其至小,求穷其至大之域,是故迷乱而不能自得也。由此观之,又何以知毫末之足以定至细之倪⑦,又何以知天地之足以穷至大之域!"

①量无穷:事物的量度是没有穷尽的。量,指空间的量度。
②分(fèn):分界。
③故:常,恒定不变。
④曏:明也。今故:犹古今。
⑤掇(duō)而不跂:虽近亦有不可企及的。掇,拾取,谓近在眼前。跂,通"企"。
⑥涂:通"途",道。
⑦倪:边际,标准。

河伯说:"那么,我以天地为大,以毫末为小,对吗?"

北海之神海若说:"不可。无论何物,它的量限是无穷无尽的,时间是无休无止的,分界是变化无常的,起始和终极不是固定不变的。所以真正的大智慧是明了远近的,小的不认为少,大的不认为多:知道量限是无穷的。明察古今之事,遥远的不觉得模糊不清,眼前的不认为伸手可及:知道时间是无穷的。洞悉了实在和虚空,因而获得不感到惊喜,失去了也不会忧伤:明白分界是变化无常的。懂得大道,生不感到喜悦,死不认为是祸害:明白起始和终极不会固定不变的。算算人所知道的,不及他未知的;他生存的时间,不及他不在人世的时间,用极小的有知,要穷尽极大的未知,所以只会使自己迷乱而不自在。由此看来,又怎么知道毫末小到了足以成为最细小的标准,又怎么知道天地大到了没有再比它大的领域了呢?"

原文

河伯曰:"世之议者皆曰:'至精无形,至大不可围①。'是信情乎②?"

北海若曰:"夫自细视大者不尽,自大视细者不明。夫精,小之微也;垺③,大之殷也:故异便。此势之有也。夫精粗者,期于有形者也;无形者,数之所不能分也;不可围者,数之所不能穷也。可以言论者,物之粗也;可以意致者,物之精也;言之所不能论,意之所不能察致者,不期精粗焉④。是故大人之行:不出乎害人,不多仁恩;动不为利,不贱门隶;货财弗争,不多辞让;事焉不借人,不多食乎力,不贱贪污;行殊乎俗,不多辟异;为在从众,不贱佞谄;世之爵禄不足以为劝,戮耻不足以为辱;知是非之不可为分,细大之不可为倪。闻曰:'道人不闻,至德不得,大人无己。'约分之至也⑤。"

①围:意思是以范围来限量。
②情:真实。
③垺(fú):通"郛",本指外城,即城圈外围的大城,这里以城外之城,言大外之大,比喻极大的领域。
④不期精粗:不能指望用精与粗来衡量。
⑤约分:缩小差别、区别。

河伯说:"世上议论的人都说:'最精的东西没有形体,最大的东西无法限量。'这是真实的情况吗?"

北海之神海若说:"用细微的眼光去观察大的事物就没完没了,用粗疏的方式去观察细小的东西就不能明晰。那'精'是小中之小;'垺'是大中之大:所以分辨的方式不同。这是情势所固有的。说精细粗疏,那都是对于有形的东西而言;对于无形的东西,是不能从数量上加以分辨的;没有边际的,是数量无法表达的。能够评说议论的,都是粗疏的事物,能够用心体会的,是精细的事物。无法用语言评论,无法用心意体察的,那就不能指望用精细或粗疏来考察衡量了。因此,有道之人的行为是这样的:既不起念害人,也不赞扬仁慈与恩惠;行动不为逐利,但也不轻视仆隶;不争夺财富,但也不赞赏谦让;虽然做事情不借力于他人,但既不张扬自食其力,也不鄙视贪心秽行;行为超脱世俗,但也不鼓动求奇尚怪;待人接物依从众人,但也不敌视谄媚讨好;世俗名位不足以产生刺激与诱惑,刑罚与耻辱不能够使其认为是羞耻;明白了是与非其实分不清界限,小与大也无法确认什么衡量的标准。听说过这样的话:'有道之人不求闻达,至德之人无意得失,得道之人忘我无私。'可说是缩小分别到了极限。"

河伯曰:"然则何贵于道邪?"

北海若曰:"知道者必达于理,达于理者必明于权,明于权者不以物害己。至德者,火弗能热;水弗能溺,寒暑弗能害,禽兽弗能贼。非谓其薄之也①,言察乎安危,宁于祸福,谨于去就,莫之能害也。故曰:'天在内,人在外,德在乎天。'知天、人之行,本乎天,位乎得,蹢躅而屈伸②,反要而语极③。"

曰:"何谓天?何谓人?"

北海若曰:"牛马四足,是谓天;落马首④,穿牛鼻,是谓人。故曰:'无以人灭天,无以故灭命⑤,无以得殉名。谨守而勿失,是谓反其真⑥。'"

注释

①薄:迫近,触犯。
②蹢躅(zhízhú):进退徘徊的样子。
③反要:回归根本。
④落:通"络",笼络住。
⑤故:人为。命:天性。
⑥反其真:返璞归真。反,通"返"。

河伯说:"那么道可贵在哪儿呢?"

北海之神海若说:"懂得道的人一定通达事理,通达事理的人一定明晓权变,明晓权变的人不会用外物伤害到自己。德性最高的人,火不能烧到他,水不能淹了他,严寒酷暑都不能伤害到他,凶禽猛兽不能侵袭他。这并不是说他主动逼近这些东西,而是说他能明察安危,冷静对待祸福,进退都小心谨慎,没有能够侵害他的了。所以说:'天性藏在内心,人事做在表面,德性所成在于随顺自然。'懂得了自然和人为的行动,以自然为根本,处在自得的境地,随遇而进退屈伸,因缘而出处行藏。这也就归到了要点,说到了极点。"

河伯说:"什么叫自然?什么叫人为?"

北海之神海若说:"就像牛、马长着四蹄,那是自然。而给马戴笼头,给牛鼻子穿孔,这叫人为。所以说:'不要用人为来泯灭自然,不用做作来泯灭天性,不要因得失而殉葬于声名。谨守住这些,不要违失,这就叫回归了他的本真。'"

孔子游于匡,宋人围之数匝,而弦歌不辍。子路入见,曰:"何夫子之娱也?"孔子曰:"来,吾语汝。我讳穷久矣①,而不免,命也;求通久矣,而不得,时也。当尧、舜而天下无穷人,非知得也;当桀、纣而天下无通人,非知失也:时势适然。夫水行不避蛟龙者,渔父之勇也;陆行不避兕虎者,猎夫之勇也;白刃交于前,视死若生者,烈士之勇也;知穷之有命,知通之有时,临大难而不惧者,圣人之勇也。由,处矣②!吾命有所制矣③!"无几何,将甲者进④,辞曰:"以为阳虎也⑤,故围之;今非也,请辞而退。"

【注释】

①穷:指思想主张不能实现。
②处矣:安居吧,别发愁。
③命有所制:命运有所安排。意思是命运由天支配,所以应该随遇而安,听从命运的安排。
④将甲者:带兵的人,军官。甲,甲士,士兵。
⑤阳虎:鲁国人,长相很像孔子,曾带兵侵扰匡人。

孔子游历到了匡地,宋人把他团团围住,但他照样弹唱不停。子路进见,问他说:"先生怎么还这样高兴呢?"孔子说:"过来,我告诉你。我担忧大道被困很长时间了,但还是不能免除磨难,这是命啊。我希求大道通达已有很长时间了,但还是无法实现,这是时势啊。赶上尧、舜时代,天下就没有困窘的人,这并不是因他们的智慧而得逞的。赶上桀、纣的时代,天下没有通达的人,也不是由于他们的智慧不够,这是碰上了这样的时势。那在水中行进不回避蛟龙的,是渔父的勇气。在陆上行走不躲避兕虎的,是猎夫的勇气。面对寒光闪闪的刀子,把死亡看得如生存一样不退却的,是烈士的勇气。懂得困窘是由命而定,明白通达是因时势所致,面临大的灾难而不害怕的,是圣人的勇气。子路,不用操心。我的命运是由天而定的。"没多长时间,带兵的将领进来了,道歉说:"把你当作阳虎了,所以包围了你。现在知道不是了,向您道歉并撤兵。"

公孙龙问于魏牟曰:"龙少学先王之道,长而明仁义之行;合同异①,离坚白②;然不然,可不可;困百家之知③,穷众口之辩:吾自以为至达已。今吾闻庄子之言,汒然异之④。不知论之不及与⑤?知之弗若与⑥?今吾无所开吾喙,敢问其方。"

注释

①合同异:名家论题之一,强调万物的同一性。《天下》曰:"万物毕同毕异,此之谓大同异。"
②离坚白:名家论题之一,认为"坚"与"白"不能同时兼得。
③困:与下句中"穷"一样,皆为使动用法。知:同"智"。
④汒然:同"茫然"。
⑤论:辩才。
⑥知:同"智"。

公孙龙向魏公子牟问道:"我公孙龙自幼学习先王之道,长大后明白了仁义的操行;能将"同"和"异"两者论证为等同,能将物之"质坚"与"色白"两种特性分割开;能把不对的说成对,把不可以的说成可以;使高明的百家感到智短,使善辩的众人显得词穷:我自认为是最通达的了。如今我听了庄子的一番言论,感到茫然困惑。不知道是我的辩才比不上他呢,还是智慧比不上他呢?现在我几乎没法开口,请问这是因为什么?"

原文

公子牟隐机大息①,仰天而笑曰:"子独不闻夫坎井之蛙乎②?谓东海之鳖曰:'吾乐与!出跳梁乎井干之上③,入休乎缺甃之崖④。赴水则接腋持颐,蹶泥则没足灭跗。还虷蟹与科斗⑤,莫吾能若也。且夫擅一壑之水⑥,而跨跱坎井之乐⑦,此亦至矣。夫子奚不时来入观乎?'东海之鳖左足未入,而右膝已絷矣。于是逡巡而却,告之海曰:'夫千里之远,不足以举其大;千仞之高,不足以极其深。禹之时,十年九潦,而水弗为加益;汤之时,八年七旱,而崖不为加损。夫不为顷久推移,不以多少进退者,此亦东海之大乐也。'于是坎井之蛙闻之,适适然惊⑧,规规然自失也⑨。且夫知不知是非之竟⑩,而犹欲观于庄子之言,是犹使蚊负山,商蚷驰河也⑪，必不胜任矣。且夫知不知论极妙之言，而自适一时之利者，是非坎井之蛙与？且彼方跐黄泉而登大皇⑫，无南无北，奭然四解⑬，沦于不测；无东无西，始于玄冥，反于大通。子乃规规然而求之以察⑭，索之以辩，是直用管窥天，用锥指地也，不亦小乎？子往矣！且子独不闻夫寿陵馀子之学行于邯郸与⑮？未得国能，又失其故行矣，直匍匐而归耳。今子不去，将忘子之故，失子之业。"

公孙龙口呿而不合⑯，舌举而不下，乃逸而走。

①隐：倚，靠。大息：太息，叹息。
②坎井：谓浅小的井。
③跳梁：同"跳踉"，跳跃，蹦蹿。
④缺甃(zhòu)：井壁中砖石残缺的地方。
⑤还：回头看。虷(hán)：指孑孓之类小虫。
⑥壈：坑。
⑦跨跱：叉开腿站着。
⑧适适然：形容惊惧之状。
⑨规规然：形容局促之状。
⑩知不知：前一"知"同"智"，名词；后一"知"为动词。竟：同"境"。
⑪商蚷(jù)：即马蚿，一种细长多足之虫，喜在阴暗潮湿处行走。
⑫跐：踩。大皇：高天重霄处。
⑬奭(shì)然：即"释然"。
⑭求之以察：意思是用狭隘的眼光看。察，细看。
⑮寿陵：燕国地名。馀子：未成年人。
⑯呿(qū)：张着嘴的样子。

魏公子牟听了，双手倚扶着几案，长叹一声，仰天而笑，说："你难道没听说过井中之蛙的故事吗？井中之蛙对东海之鳖说：'我多么快乐啊！我出了井就在圈栏上跳跳蹦蹦，入了井就在井壁破砖中栖息休眠。我置身水中，水就浮托着我的腋窝和颈颊；我投足泥中，淤泥就淹埋着我的脚背。回头看看孑孓、蝌蚪们，谁都不能像我这般快活逍遥。再说呢，独占一坑之水，那叉腿昂立一口坎井的快乐，这也应该是天下最大的快乐了啊！先生您为什么不时常到此来参观参观呢？'东海之鳖左边的脚还未及探进去，右边的腿却已经被绊住了。于是迟疑了一下，还是退了出来。海鳖把大海的情形向井蛙描述道：'千里之辽阔，不足以称说东海之大；千仞之高峻，不足以度量东海之深。夏禹的时代，十年九涝，但是海面也未见上涨；

商汤的时代,八年七旱,可是海岸并没有因此而进一步浅露。不会因为时间的短暂与长久而发生什么变迁,不会因为雨水的增多与减少而跟着上涨或回落,这也是东海的最大快乐啊。'这时候,浅井之蛙听说了东海的故事,惶恐惊讶,黯然自失。况且,你的智识还不足以辨别是与非的界域,却还要来探究庄子的妙言高论,这好比让蚊子背山、马蚿渡河一样,一定是不能够胜任的。再说呢,智识还难以探究至为玄妙的言论,就津津自得于一时论辩之胜的人,这难道不也就是浅井之蛙一类的吗?况且,那庄子的言论,下踩黄泉,上登重霄,无南无北,周达无碍,深渺而不可测;无东无西,开始于玄妙深渺之域,又复归于无滞无碍的大通之境。你是那样的浅陋,却竟然用你狭隘的眼光来看待它,用你自命不凡的辩才来探究它,这简直是在以管窥天,以锥量地,不也太小了吧?你一边去吧!你难道没有听说过寿陵少年学步于邯郸的故事吗?他不但没能学会邯郸人的步法,而且又忘了自己原先的步法,只好爬着回去作罢。如今你还不从这里走开,你将会忘掉你原先的本领,失去你原先的学业的。"

公孙龙张口结舌,惊怔莫名,灰溜溜地逃走了。

庄子钓于濮水①。楚王使大夫二人往先焉,曰:"愿以境内累矣②!"庄子持竿不顾,曰:"吾闻楚有神龟,死已三千岁矣。王巾笥而藏之庙堂之上③。此龟者,宁其死为留骨而贵乎?宁其生而曳尾于涂中乎④?"二大夫曰:"宁生而曳尾涂中。"庄子曰:"往矣!吾将曳尾于涂中。"

①濮水:古河道名,在今山东与河南交界处,现已不存。
②累:拖累,托付。《史记·老子韩非列传》:"威王闻庄周贤,使使厚币聘之,许以为相。"
③笥(sì):竹箱。
④曳:拖。涂:泥。

庄子在濮水垂钓。楚威王先派遣两个大夫去向庄子传达他的意思,说:"希望能将国政相托,委以相权!"庄子举着钓竿,头也不回,说:"我听说楚国有一只神龟,死了已经三千年了。楚王用巾布把神龟包好后放入竹箱里,珍藏于庙堂之上。那么,这只龟是宁愿为留下骨头让人珍视而死呢,还是宁愿活着而拖尾于泥水中呢?"二大夫说:"宁愿活着而拖尾于泥水中。"庄子说:"你们走开吧!我将拖尾于泥水之中。"

惠子相梁,庄子往见之。或谓惠子曰:"庄子来,欲代子相。"于是惠子恐,搜于国中三日三夜。庄子往见之,曰:"南方有鸟,其名为鹓鶵①,子知之乎?夫鹓鶵发于南海而飞于北海,非梧桐不止,非练实不食②,非醴泉不饮③。于是鸱得腐鼠,鹓鶵过之,仰而视之曰:'吓④!'今子欲以子之梁国而吓我邪?"

注释

①鹓鶵(yuānchú):传说中凤凰一类的鸟,习性高洁。
②练实:竹实。
③醴泉:甘泉。醴,甜酒。
④吓:象声词,以惊叫表示威吓驱赶之意。下句中的"吓"则用作动词。

译文

惠子任梁国的宰相,庄子前去看望。有人对惠子说:"庄子此番来,是要取代你的相位。"这一来,惠子十分惊慌,在梁国全境搜捕庄子,持续了三天三夜。庄子前去见惠子,说:"南方有只鸟,其名叫做鹓鶵,你知道吗?那鹓鶵从南海出发,飞向北海,不是梧桐就不栖息,不是竹实就不食用,不是甘泉就不汲饮。这时候,一只猫头鹰捡到了一只死老鼠,鹓鶵从高空飞过,猫头鹰抬头看见了,惊叫道:'吓!'现在,你是不是在用你的梁国相位来'吓'我呢?"

庄子与惠子游于濠梁之上①。庄子曰:"鲦鱼出游从容②,是鱼之乐也。"惠子曰:"子非鱼,安知鱼之乐?"庄子曰:"子非我,安知我不知鱼之乐?"惠子曰:"我非子,固不知子矣;子固非鱼也,子之不知鱼之乐,全矣③!"庄子曰:"请循其本。子曰'汝安知鱼乐'云者,既已知吾知之而问我。我知之濠上也。"

注释

①濠:即濠水,在今安徽凤阳附近。梁:桥。
②鲦(tiáo)鱼:即白条鱼。
③全:这里意谓论证完整严密。

庄子与惠子在濠梁上游赏。庄子说:"白条鱼游得从容自在,这是鱼儿的快乐表现啊!"惠子说:"你不是鱼,你怎么知道鱼儿的快乐呢?"庄子说:"你不是我,你怎么知道我不知道鱼儿的快乐呢?"惠子说:"我不是你,固然不能知道你;但你也确实不是鱼儿啊,那么你不知道鱼儿的快乐,也就毋庸争议了!"庄子说:"我们还是把话题回到开头吧。你说'你怎么知道鱼儿的快乐',如此云云者,表明你是已经知道了我知道鱼的快乐却又问我的。那么我告诉你吧,我是在濠水之上知道的。"

达　生

【题解】

《达生》是外篇中的第十二篇。本篇取篇首二字为题目,进一步讨论养生、养神这样的话题。作者指出,养生须兼顾形、神两个方面,"弃事则形不劳,遗生则精不亏。夫形全精复,与天为一"。这是说,要抛弃俗事,要忘却生命,形体健康,精神饱满,就能和自然浑然合一。此为养生之要领。然而难题是如何养神。作者以大量的篇幅,借故事中人物之口讨论了这一问题。

【原文】

达生之情者,不务生之所无以为①;达命之情者,不务知之所无奈何②。养形必先之以物,物有馀而形不养者有之矣。有生必先无离形③,形不离而生亡者有之矣。生之来不能却④,其去不能止。悲夫!世之人以为养形足以存生,而养形果不足以存生,则世奚足为哉!虽不足为而不可不为者,其为不免矣!夫欲免为形者,莫如弃世。弃世则无累,无累则正平,正平则与彼更生,更生则几矣!事奚足弃而生奚足遗?弃事则形不劳,遗生则精不亏。夫形全精复,与天为一。天地者,万物之父母也。合则成体,散则成始。形精不亏,是谓能移。精而又精,反以相天⑤。

【注释】

①务:求,做。生之所无以为:对生命无用的事。
②知:通"智",心智。
③无:通"毋",不要。
④却:阻止,阻拦。
⑤相:辅助,帮助。

【译文】

通达生命之真情的,不去做对生命无用的事;通达命运之真情的,不去求智所无法达到的东西。给养身体一定得先有物质条件,物质有馀但身体保养不好的有的是。保全生命首先一定不能离开形体,但虽然形体仍在而生命的意义已不存在的有的是。生命的到来没有办法阻拦,生命的离去也没有办法留住。可悲啊!

世俗的人总认为保养好形体就足以保存好生命了,然而保养好形体却确实不足以保存生命的,那世事还有什么值得去做!即使不值得做却又不得不做,这样内中的辛苦和疲惫就无法避免了。希望避免形体之劳苦的,不如抛弃世俗之事。抛弃了世俗之事就不会再劳累,没有劳累就心平气和,心平气和就能和自然一道获得新生,新生就接近了大道!世俗之事为什么值得抛弃,生命为什么值得忘却?抛弃了世俗之事,形体就不再劳累,忘却了生命,精神就不会虚亏。形体健康,精神饱满,就能和自然浑然合一。天和地,是养育万物的父母。结合起来就生成万物,离散开来就又回到了万物的始点。形体精神健壮饱满,这就叫做能够跟随自然同步变化。饱满的精神又得以更好地完善,反过来它就又会辅助自然。

原文

子列子问关尹曰①:"至人潜行不窒,蹈火不热,行乎万物之上而不栗。请问何以至于此?"关尹曰:"是纯气之守也,非知巧果敢之列。居,予语女。凡有貌象声色者,皆物也,物与物何以相远!夫奚足以至乎先!是色而已。则物之造乎不形,而止乎无所化。夫得是而穷之者②,物焉得而止焉!彼将处乎不淫之度,而藏乎无端之纪,游乎万物之所终始。壹其性③,养其气,合其德,以通乎物之所造。夫若是者,其天守全,其神无郤④,物奚自入焉!夫醉者之坠车,虽疾不死。骨节与人同而犯害与人异,其神全也。乘亦不知也,坠亦不知也,死生惊惧不入乎其胸中,是故遻物而不慴。彼得全于酒而犹若是,而况得全于天乎?圣人藏于天,故莫之能伤也。"

①子列子:子,古人对老师称呼"子",这里表示对列子的尊重。列子,列御寇。
②穷之:穷究其理。
③壹:使……专一。
④郤(xì):通"隙",空隙。

列子先生问关尹说:"得道的人在水中潜行没有阻塞,踏进火中不觉得热,行走在万物之上不会发抖。请问为什么会达到这种境界呢?"关尹说:"这是守住了纯正之气,并不是智巧、果敢之类所能达到的。坐下,我来告诉你。凡是具有外貌形状声音颜色的,都为物,但物和物怎么会相差很远? 又怎么能够领先于他物呢?都只不过是事物而已。然而物产生于无形之道,终止于无为之境。懂得并通晓了这个道理的,哪里又能够只停留在这里呢?他会处于适可而止的分寸,藏在无尽的循环之理中,遨游于自然生灭之道。维持纯一心性,保养纯正精气,融合德性于道,达到了和自然相融相通。如果这样,他的心性保持完全,他的精神没有虚亏,外物怎能够进入?那喝醉的人坠落车下,虽受伤但不会丧命。他的骨骼和他人的一样,但受的伤害不一样,因为他的精神保全。他乘车也好、坠车也好,都在不知不觉、晕晕乎乎之中,死生惊惧都不放在心中,所以遇到碰撞外物却没有惧怕。那因酒而得以保全精神的都达到了这样,又何况是因道而保全精神的呢?圣人藏身于道中,所以没有伤害他的。"

仲尼适楚,出于林中,见佝偻者承蜩①,犹掇之也。仲尼曰:"子巧乎,有道邪?"曰:"我有道也。五六月累丸二而不坠,则失者锱铢②;累三而不坠,则失者十一;累五而不坠,犹掇之也。吾处身也,若厥株拘③;吾执臂也,若槁木之枝。虽天地之大,万物之多,而唯蜩翼之知。吾不反不侧,不以万物易蜩之翼,何为而不得!"孔子顾谓弟子曰:"用志不分,乃凝于神。其佝偻丈人之谓乎!"

【注释】

①佝(gōu)偻(lóu)者承蜩(tiáo):佝偻,驼背。蜩,蝉。承蜩,把胶状物装在竹竿顶上来粘蝉。
②锱铢(zīzhū):形容极少。
③厥(jué):通"橛",短木桩。

【译文】

孔子到楚国去,经过树林时,看见有个驼背的人在用竹竿粘蝉,就像捡东西一样。仲尼问:"您这么巧妙,有道吗?"那人说:"我是有道。练习五六个月后,竿头上垒上两个丸子而不掉,那么失败的机会就很少了。等到垒上三个丸子而不掉,失败的次数就只剩十分之一了,到垒五个丸子也不掉时,捕蝉就像捡东西一样了。我站定身体,好像木桩,我伸直手臂,好像枯槁的树枝。虽然天地很大,万物繁多,但我只知蝉翼。我不往后看,也不左顾右盼,不会因万物的干扰而改变了对蝉翼的注意,怎么会不成功呢?"孔子转身对弟子们说:"专心致志,聚精会神。大概说的就是这位驼背先生吧!"

颜渊问仲尼曰:"吾尝济乎觞深之渊①,津人操舟若神②。吾问焉曰:'操舟可学邪?'曰:'可。善游者数能③。若乃夫没人,则未尝见舟而便操之也。'吾问焉而不吾告,敢问何谓也?"仲尼曰:"善游者数能,忘水也;若乃夫没人之未尝见舟而便操之也,彼视渊若陵,视舟之覆,犹其车却也。覆却万方陈乎前而不得入其舍④,恶往而不暇!以瓦注者巧,以钩注者惮,以黄金注者殙⑤。其巧一也,而有所矜,则重外也。凡外重者内拙。"

①济:渡。觞深:河川名。渊:深水。
②津人:摆渡人。
③数:通"速",很快。
④万方:万端,指各种情景。
⑤殙(hūn):心乱。

颜渊问孔子说:"我曾经渡过觞深河的深水,摆渡的人驾船如神。我问他:'驾船可以学吗?'他说:'可以。擅长游泳的人很快就能学会。如果是能潜水的,就没有见过船也能驾船。'我问他,他却不告诉我,请问这怎么讲呢?"孔子说:"擅长游泳的人很快就能学会,是说他熟谙水性,能处之泰然,视水不存在,如果是会潜水的没见过船也能操作,是说他视水就像山丘,视船翻如车退。船翻车退各种情景呈现眼前都无法进入人的内心,去哪里还不是从容不迫吗?用瓦片作赌注的轻松愉快,用衣钩作为赌注的心理惧怕,用黄金作为赌注的则心慌意乱、头昏脑涨,赌博的技巧是一样的,但出现了拘谨的,是因为注意力侧重了外物。凡是对外物注重的人内心世界都显得笨拙。"

田开之见周威公①,威公曰:"吾闻祝肾学生,吾子与祝肾游②,亦何闻焉?"田开之曰:"开之操拔篲以侍门庭③,亦何闻于夫子!"威公曰:"田子无让,寡人愿闻之。"开之曰:"闻之夫子曰:'善养生者,若牧羊然,视其后者而鞭之。'"威公曰:"何谓也?"田开之曰:"鲁有单豹者④,岩居而水饮,不与民共利,行年七十而犹有婴儿之色,不幸遇饿虎,饿虎杀而食之。有张毅者,高门县薄⑤,无不走也,行年四十而有内热之病以死。豹养其内而虎食其外,毅养其外而病攻其内。此二子者,皆不鞭其后者也。仲尼曰:'无入而藏,无出而阳,柴立其中央。三者若得,其名必极。'夫畏涂者⑥,十杀一人,则父子兄弟相戒也,必盛卒徒而后敢出焉,不亦知乎!人之所取畏者,衽席之上,饮食之间,而不知为之戒者,过也!"

①田开之:人名,姓田,名开之。
②祝肾:人名,姓祝名肾。
③彗(huì):扫帚。
④单豹:姓单名豹,为鲁国时的隐士。
⑤高门:指富贵之家。县薄:指贫寒人家。县,通"悬"。薄,门帘。
⑥涂:通"途",路途。

田开之去拜见周威公,周威公问他:"我听说祝肾在学习养生之道,您跟祝肾游学,在那里听到什么了吗?"田开之答道:"我只是拿着扫帚打扫门庭,又能从先生那儿听到什么呢?"周威公说:"田先生不必谦逊,我期望听听它。"开之说:"听先生说:'善于养生的人,就像放羊一样,看到落后的就赶赶它。'"威公说:"怎么讲呢?"田开之说:"鲁国有个叫单豹的人,在山上居住,在泉边饮水,不和人争利。活到七十岁了,还有像婴儿一样的面色,不幸碰上饥饿的老虎,被咬死吃掉了。有一个叫张毅的人,高门贵族、贫寒人家,没有不奔走活动的,活到四十岁便得内热病死了。单豹养性而老虎吃了他的身体,张毅养身而疾病侵入了他的体内。这两个人,都是不驱赶自己落后之处的人。孔子说:'不要深藏,不要显耀,像枯柴一样立在二者之间。这三者如果都能做到,他的名号一定最高。'那让人害怕不安的路途,十人中只要有一人被杀,那么父子兄弟就一定会互相告诫,一定要众人相伴才敢外出,不是也聪明吗!人们应该最害怕的,是枕席之上、饮食之间的事,不知道警戒这些的,才是错误啊!"

祝宗人玄端以临牢筴说彘①,曰:"汝奚恶死!吾将三月豢汝②,十日戒,三日齐③,藉白茅,加汝肩尻乎雕俎之上④,则汝为之乎?"为彘谋曰,不如食以糠糟而错之牢筴之中⑤。自为谋,则苟生有轩冕之尊,死得于腞楯之上⑥、聚偻之中则为之。为彘谋则去之,自为谋则取之,所异彘者何也!

①彘(zhì):猪。
②豢(huàn):喂养。
③齐:通"斋",斋戒。
④尻(kāo)乎雕俎(zǔ):尻,臀部。雕俎,带有雕饰的古代祭器。
⑤错:通"措",放置的意思。

⑥豚楯(zhuànshǔn)：带有纹饰的柩车。

【译文】

掌管祭祀的官穿着主持祭祀时的礼服到猪圈跟前，对猪说："你干吗怕死呢？我将养你三个月，给你十天上戒，三天作斋，为你垫上白茅，再把你的肩和臀放在雕着花纹的祭器上，你认为怎么样？"为猪着想，就不如喂它糟糠让它住在猪圈中。为自己谋划，就想活着时有高官厚禄的尊荣，死后能放在饰有花纹的柩车上，装进装饰繁杂的棺椁里。为猪打算就抛开这些，为自己打算就谋取这些，所不同于猪的又有什么呢？

【原文】

桓公田于泽①，管仲御，见鬼焉。公抚管仲之手曰："仲父何见？"对曰："臣无所见。"公反，诶诒为病，数日不出。齐士有皇子告敖者②，曰："公则自伤，鬼恶能伤公！夫忿滀之气，散而不反③，则为不足；上而不下，则使人善怒；下而不上，则使人善忘；不上不下，中身当心，则为病。"桓公曰："然则有鬼乎？"曰："有。沈有履④。灶有髻。户内之烦壤，雷霆处之；东北方之下者，倍阿鲑蠪跃之；西北方之下者，则泆阳处之。水有罔象，丘有莘，山有夔，野有彷徨，泽有委蛇。"公曰："请问委蛇之状何如？"皇子曰："委蛇，其大如毂，其长如辕，紫衣而朱冠。其为物也恶，闻雷车之声则捧其首而立。见之者殆乎霸。"桓公辴然而笑曰："此寡人之所见者也。"于是正衣冠与之坐，不终日而不知病之去也。

【注释】

①桓公田：桓公，齐桓公小白，春秋五霸之一。田，打猎。
②皇子告敖：人名，复姓皇子，名告敖。
③反：通"返"，回归。
④沈有履：履，鬼名。下文中的髻、雷霆、倍阿鲑蠪、泆阳、罔象、莘、夔、彷徨、委蛇等，都为鬼名。

【译文】

齐桓公在荒泽中打猎，管仲为他驾车，桓公忽然看见了鬼。桓公拉住管仲说："仲父你看到了什么？"管仲说："我什么也没看到。"桓公回来后，受惊而病，数天不出家门。齐国士人有个叫皇子告敖的人对桓公说："你是自我伤害，鬼怎么能伤害您呢！您紧张忿急的心气，扩散而不能回归，造成心气虚亏；这些气集中于上部不能通下，就会让人容易发怒，集中于下部而不上升，就会让人健忘；上升不能下

128

通不得困在身心当中，就会生病。"桓公说："那真有鬼吗？"皇子告敖说："有。积水中的污泥里有履，灶中有髻，门内烦壤处有雷霆居住；东北墙下有倍阿鲑蠪在跳，西北墙脚下有泆阳住着，水里有罔象，丘陵上有峷，高山上有夔，野外有彷徨，荒泽有委蛇。"桓公说："请问委蛇的形状像什么？"皇子说："委蛇，它大如车轮，长如车辕，穿着紫色的衣服，带着红色的帽子。作为鬼呢，它面貌丑恶，一听到雷车的声音就抱住头站着。见到它的人很快会成为霸王。"桓公开心大笑说："这就是我看到的。"于是端正衣冠和皇子告敖座谈，不到一天就不知道病哪里去了。

原文

纪渻子为王养斗鸡①。十日而问："鸡已乎？"曰："未也，方虚憍而恃气②。"十日又问，曰："未也，犹应向景③。"十日又问，曰："未也，犹疾视而盛气。"十日又问，曰："几矣，鸡虽有鸣者，已无变矣，望之似木鸡矣，其德全矣。异鸡无敢应者④，反走矣。"

注释

①纪渻(shěng)子：姓纪，名渻子。
②憍：通"骄"，骄傲。
③应向景：应，反应、回应。向，通"响"。景，通"影"。
④应：应战。

译文

纪渻子给周宣王训练斗鸡。过了十天，周宣王问："鸡训练好了吗？"纪渻子回答说："没有，正骄傲自大，意气用事哩。"过了十天后，周宣王又问，纪渻子又回答说："没呢，听到鸡叫看到鸡影还有反应。"又过了十天，周宣王又问，纪渻子回答说："还没有，还是怒目瞪视、盛气凌人。"再过十天问时，纪渻子回答："快了，即使有鸡鸣，它也没有反应，看起来好像木鸡一样，它的德行已经齐备了。别的鸡没有敢应战的，看到它转身就跑了。"

原文

孔子观于吕梁①，县水三十仞②，流沫四十里，鼋鼍鱼鳖之所不能游也③。见一丈夫游之④，以为有苦而欲死也。使弟子并流而拯之。数百步而出，被发行歌而游于塘下⑤。孔子从而问焉，曰："吾以子为鬼，察子则人也。请问：蹈水有道乎？"曰："亡⑥，吾无道。吾始乎故，长乎性，成乎命。与齐俱入⑦，与汩偕出，从水之道而不为私焉。此吾所以蹈之也。"孔子曰："何谓始乎故，长乎性，成乎命？"曰："吾生于陵而安于陵，故也；

长于水而安于水,性也;不知吾所以然而然,命也。"

①吕梁:地名。
②县水:县,通"悬"。县水,即瀑布。
③鼋(yuán)鼍(tuó):鼋,鳖类的一种,亦称"绿团鱼",俗称"癞头鼋"。鼍,即扬子鳄,产于长江下游。亦称"鼍龙",俗称"猪婆龙"。
④丈夫:古时对男子的称谓。
⑤被:通"披"。
⑥亡:通"无",没有。
⑦齐:通"脐",比做漩涡。

孔子游览于吕梁时,看到瀑布高有三十仞,激流飞沫达四十里,鼋鼍鱼鳖都无法游泳。看见一个男子在水中游着,还以为是因有痛苦想要自杀的。让弟子们顺着流水去救他。过了数百步后,那人浮出水面,披着头发唱着歌游到了岸下。孔子跟过去问他:"我以为您是鬼呢,细看您是人啊!请问,游泳有道吗?"那人回答说:"没有,我没有道。开始是出于习惯,慢慢形成了习性,最后就融入了自然。游时和漩涡一块下到水底,再顺着涌流一块浮出水面,顺着水流不作任何私自的改动。这就是我游泳的一切。"孔子说:"什么叫开始是出于习惯,慢慢就形成了习性,最后就成自然?"回答说:"我出生在山村就安于山村的生活,叫习惯;长大于水乡就安于水乡的特性,叫习性;不知道我为什么这样而已这样做了,叫自然。"

梓庆削木为鐻①,鐻成,见者惊犹鬼神。鲁侯见而问焉,曰:"子何术以为焉?"对曰:"臣,工人,何术之有!虽然,有一焉:臣将为鐻,未尝敢以耗气也,必齐以静心②。齐三日,而不敢怀庆赏爵禄;齐五日,不敢怀非誉巧拙;齐七日,辄然忘吾有四枝形体也③。当是时也,无公朝。其巧专而外骨消④,然后入山林,观天性形躯,至矣,然后成见鐻,然后加手焉,不然则已。则以天合天,器之所以疑神者,其是与!"

①梓庆:梓,木工。庆,名字。
②齐:通"斋"。
③辄然:一动不动的样子。
④骨:通"滑",乱的意思。

木工庆削木头做镶,镶做成后,看见的人都惊疑为这是鬼斧神工。鲁侯见到后问说:"您用什么技巧做成了这样?"木工庆回答说:"我,一个做工之人,哪有什么技巧!倒是有一点:我要做镶时,从来不敢损耗元气,一定要斋戒来静心养神。斋戒三天,不再想庆贺赏赐高官厚禄的俗事;斋戒五天,不再去想诋毁称誉灵巧笨拙之类的事;斋戒七天,就忘了我的四肢形体。这种时候,公室王朝已都不存在。技巧专一,外界的干扰全部消失。然后进入山林,去观察自然万物的情态形状,得到合适的,一个成形的镶就浮现在眼前,然后再动手雕刻。如果不是这样,我就不做。这样,以我自然的心态和大自然的形态相结合,所以做出来的器具被惊疑为神工所制。也许就是这样吧!"

【原文】

东野稷以御见庄公①,进退中绳,左右旋中规。庄公以为文弗过也。使之钩百而反。颜阖遇之②,入见曰:"稷之马将败。"公密而不应。少焉,果败而反。公曰:"子何以知之?"曰:"其马力竭矣而犹求焉,故曰败。"

①东野稷:姓东野,名稷。
②颜阖:鲁国贤人。

东野稷因为善于驾驭而得见庄公,他驾着车,前进后退笔直得像沿着绳子走似的,左右旋转圆得像用规画出一样。庄公认为绘图也超不过这样,便让他转上一百个圈后再回来。颜阖看见后,进去面见庄公说:"稷的马要垮了。"庄公默然不语。一会,果然马垮而归。庄公说:"您怎么会知道这样呢?"颜阖说:"他的马,力气已经用尽了,还要让它转,所以说一定会垮。"

工倕旋而盖规矩①,指与物化而不以心稽,故其灵台一而不桎。忘足,履之适也;忘要②,带之适也;知忘是非,心之适也;不内变,不外从,事会之适也;始乎适而未尝不适者③,忘适之适也。……④

①工倕:唐尧时的著名工匠。

②要：腰。

③始乎适：指本性安适。

④这里所省略的一段文字，陈鼓应先生考证认为其与《达生》篇意旨不相类，宜删去，所论甚当，今从。兹录原文如下，以备参读。原文为："有孙休者，踵门而诧子扁庆子曰：'休居乡不见谓不修，临难不见谓不勇。然而田原不遇岁，事君不遇世，宾于乡里，逐于州部，则胡罪乎天哉？休恶遇此命也？'扁子曰：'子独不闻夫至人之自行邪？忘其肝胆，遗其耳目，芒然彷徨乎尘垢之外，逍遥乎无事之业，是谓为而不恃，长而不宰。今汝饰知以惊愚，修身以明汙，昭昭乎若揭日月而行也。汝得全而形躯，具而九窍，无中道夭于聋盲跛蹇，而比于人数亦幸矣，又何暇乎天之怨哉！子往矣！'孙子出，扁子入。坐有间，仰天而叹。弟子问曰：'先生何为叹乎？'扁子曰：'向者休来，吾告之以至人之德，吾恐其惊而遂至于惑也。'弟子曰：'不然。孙子之所言是邪，先生之所言非邪，非固不能惑是；孙子所言非邪，先生所言是邪，彼固惑而来矣，又奚罪焉！'扁子曰：'不然。昔者有鸟止于鲁郊，鲁君说之，为具太牢以飨之，奏九韶以乐之。鸟乃始忧悲眩视，不敢饮食。此之谓以己养养鸟也。若夫以鸟养养鸟者，宜栖之深林，浮之江湖，食之以委蛇，则平陆而已矣。今休，款启寡闻之民也，吾告以至人之德，譬之若载鼷以车马，乐鴳以钟鼓也，彼又恶能无惊乎哉！'"

工倕顺手画就胜过用规矩，手指和所画物融为一体而不用心思去想，所以他的心性专一而不受拘束。忘了足，鞋就舒适。忘了腰，带子就舒适。忘了是是非非，内心就舒适惬意；内不移志，外不从物，遇事就会舒适自然。本性安适而从来没有不安适过的，是忘记了人为的安适的天然安适。

◎ 杂 篇

庚桑楚

【题解】

《庄子》之杂篇，不仅有庄子后学之作，还混杂有庄子学派之外的某些言论或篇章。这是应该提醒注意的。杂篇共十一篇，这里选其中的五篇。

《庚桑楚》是杂篇中的第一篇。本篇取篇首句中三字为题目。庚桑楚是人名。以人名为篇名的，还有外篇中的《田子方》，杂篇中的《徐无鬼》《则阳》《盗跖》和《列御寇》等。本篇内容较杂，但以讨论养生之道为主。相关重要观点如："故鸟兽不厌高，鱼鳖不厌深。夫全其形生之人，藏其身也，不厌深眇而已矣！"又如："卫生之经，能抱一乎！……行不知所之，居不知所为，与物委蛇而同其波。是卫生之经已。"所谓的"卫生之经"，其同义词就是"养生之道"。作者指出，养生应像小孩一样，"动不知所为，行不知所之，身若槁木之枝而心若死灰。若是者，祸亦不至，福亦不来。祸福无有，恶有人灾也！"把"养生之道"的要领归结到一个"虚"字，断言"虚则无为而无不为也"。本篇选译时有删节。

【原文】

老聃之役有庚桑楚者①，偏得老聃之道，以北居畏垒之山②。其臣之画然知者去之③，其妾之挈然仁者远之。拥肿之与居，鞅掌之为使。居三年，畏垒大壤④。畏垒之民相与言曰："庚桑子之始来，吾洒然异之。今吾日计之而不足，岁计之而有馀。庶几其圣人乎！子胡不相与尸而祝之，社而稷之乎？"庚桑子闻之，南面而不释然。弟子异之。庚桑子曰："弟子何异于予？夫春气发而百草生，正得秋而万宝成。夫春与秋，岂无得而然哉？天道已行矣。吾闻至人，尸居环堵之室，而百姓猖狂，不知所如往。今以畏垒之细民，而窃窃焉欲俎豆予于贤人之间⑤，我其杓之人邪？吾是以不释于老聃之言。"

弟子曰："不然。夫寻常之沟，巨鱼无所还其体⑥，而鲵鳅为之制；步仞之丘陵⑦，巨兽无所隐其躯，而孽狐为之祥。且夫尊贤授能，先善与利，自古尧、舜以然，而况畏垒之民乎！夫子亦听矣！"庚桑子曰："小子来！夫函车之兽，介而离山，则不免于网罟之患；吞舟之鱼，砀而失水⑧，则蚁能苦之。故鸟兽不厌高，鱼鳖不厌深。夫全其形生之人，藏其身也，不厌深眇而已矣！且夫二子者，又何足以称扬哉！是其于辩也⑨，将妄凿垣墙而殖蓬蒿也，简发而栉，数米而炊，窃窃乎又何足以济世哉！举贤则民相轧，任知则民相盗。之数物者，不足以厚民。民之于利甚勤，子有杀父，臣有杀君；正昼为盗，日中穴阫⑩。吾语女：大乱之本，必生于尧、舜之间，其末存乎千世之后。千世之后，其必有人与人相食者也。"

①役：这里指门生、弟子。庚桑楚：姓庚桑，名楚。
②畏垒：山名，或为庄子所虚构。一说在鲁国。
③知：通"智"。
④壤：通"穰"，丰收。
⑤俎(zǔ)豆：此处意思是供奉、祭祀。动词。俎，切肉用的案板。豆，古代一种盛食物的器皿。
⑥还：通"旋"，转。
⑦步仞：六尺为"步"，七尺为"仞"。
⑧砀：同"荡"，流荡。
⑨辩：通"辨"，分辨，辨别。
⑩阫(péi)：墙。

老耼的弟子有个叫庚桑楚的，独自悟得了老聃的道，向北住在了畏垒山。他的侍从中能够明察有智识的被打发走了，他的女侍中讲究仁爱的被疏远了。愚钝糊涂的跟他住在一处，任性随便的成了他的差使。过了三年，畏垒山一带庄稼丰收了。畏垒山人互相议论说："庚桑子刚来时，我们惊奇地对他感到诧异。现在我们用短浅的目光来看待他是不够的，用长远的利益来看待他也绰绰有余。大概庚桑子就是圣人了！你为什么不来一块推举他为主子，建立社稷崇拜敬奉呢？"庚桑子听到这些后，面南而坐，心里很不愉快。弟子们感到奇怪。庚桑子说："弟子们对我有什么奇怪的呢？春天来了则百草生长，待秋天来到则各种果实成熟。春天与秋天，难道无缘无故就会这样吗？这是自然之道的运行。我听说那至人，安静地居于一丈见方的小室内，而百姓任性自适，随心所欲。如今，畏垒山人十分认真地合计着要把我供奉于贤人之列，我岂是让大家注目的人呢？因此，面对老聃的教导，我心里感到十分不安。"

弟子们说："不是这样。在小水沟里，大鱼就没有办法转动它的身子，但小鱼就可以回环往复，自由游弋。在小丘陵上，大的野兽无法隐藏它的身躯，而小小的狐狸却可以藏匿。而且尊重贤人，授职能人，以善与利为先，自古以来，尧、舜就是这样的，更何况畏垒山民呢？您也就听由他们吧！"庚桑子说："年轻人哪，过来。吞车的大兽，独自离开山上，就不能免于罗网的祸患，吞舟的大鱼，因浪掀潮涌而离了水,就会被蝼蚁之辈困迫而受苦。所以飞禽走兽不怕高,鱼鳖不怕深。全身心养性的人,隐逸其身,对幽深渺远没有满足的时候。况且尧、舜那两个人,又有什么值得称赞颂扬的呢?他们这样分辨贤能善利,就像胡乱刨凿墙壁而种植蓬蒿,挑几根头发来梳,数几粒米来煮,琐碎无功,又怎么能够救济世间!荐举贤能,使得人民相互倾轧,任用才智,使得人民相互作伪。如此之法,都不能够给人民带来什么好处。人民对于名利追逐得十分厉害,有儿子杀父亲的,有大臣弑君主的。光天化日之下抢劫,正午太阳当空时分挖墙脚。我告诉你:大乱的根源,一定出现在尧、舜的时候,其馀波所及,将一直要到千载万世之后。到那时,就一定会有人吃人的现象了。"

【原文】

南荣趎蹴然正坐曰①:"若趎之年者已长矣,将恶乎托业以及此言邪?"庚桑子曰:"全汝形,抱汝生②,无使汝思虑营营。若此三年,则可以及此言矣!"南荣趎曰:"目之与形,吾不知其异也,而盲者不能自见;耳之与形,吾不知其异也,而聋者不能自闻;心之与形,吾不知其异也,而狂者不能自得。形之与形亦辟矣,而物或间之邪?欲相求而不能相得。今谓趎曰:'全汝形,抱汝生,勿使汝思虑营营。'趎勉闻道达耳矣!"

庚桑子曰:"辞尽矣,奔蜂不能化藿蠋③,越鸡不能伏鹄卵,鲁鸡固能矣!鸡之与鸡,其德非不同也。有能与不能者,其才固有巨小也。今吾才小,不足以化子。子胡不南见老子!"南荣趎赢粮,七日七夜至老子之所。老子曰:"子自楚之所来乎?"南荣趎曰:"唯。"老子曰:"子何与人偕来之众也?"南荣趎惧然顾其后。老子曰:"子不知吾所谓乎?"南荣趎俯而惭,仰而叹,曰:"今者吾忘吾答,因失吾问。"老子曰:"何谓也?"南荣趎曰:"不知乎人谓我朱愚,知乎反愁我躯;不仁则害人,仁则反愁我身;不义则伤彼,义则反愁我己。我安逃此而可?此三言者,趎之所患也。愿因楚而问之。"老子曰:"向吾见若眉睫之间,吾因以得汝矣。今汝又言而信之。若规规然若丧父母,揭竿而求诸海也。女亡人哉!惘惘乎,汝欲反汝情性而无由入,可怜哉!"

①南荣趎(chú):姓南荣,名趎。庚桑子的弟子。
②抱:同"保"。
③藿蠋(zhú):豆中所生的虫子。藿,豆。

译文

南荣趎正襟危坐地说:"像我的年纪已经大了,将怎样学习来达到所说的这些呢?"庚桑子说:"保护好你的身体,护持住你的天性,不要让你的思想焦虑。像这样三年,就可以达到所说的这些。"南荣趎说:"从外形上说,我看不出人们的眼睛彼此间有什么差异,可是盲人的眼睛却看不见东西;从外形上说,我看不出人们的耳朵彼此间有什么差异,可是聋人的耳朵却听不到声音;从外形上说,我看不出人们的心脏彼此间有什么差异,可是狂人却总不能够把持住自己。形体与形体很相似,但彼此如此不能相通,是否有什么东西起了阻隔作用呢?想要来求得道,却总是不能够。如今您对我南荣趎说:'保护好你的身体,护持住你的天性,不要让你的思想焦虑。'我南荣趎努力求道,但你所告诉我的,我不过勉强听到耳里,却无法入于心中。"

庚桑子说:"话已经说完了。细腰小蜂不能孵化大青虫,越地的鸡不能孵化天鹅的卵,但鲁地的鸡却能够办得到。鸡和鸡,自然习性并没有不同,却有能与不能的区别,是它的才能有大小。现在我的能力小,不能够转化你。你为什么不去南面见老子呢?"南荣趎备足了粮,七天七夜到达了老子那儿。老子说:"你是从庚桑楚那儿来的吧?"南荣趎说:"是。"老子说:"为什么和你一块儿来的人这么多呢?"南荣趎惊恐地回过头往后看。老子说:"你不明白我所说的吗?"南荣趎低下头感到很惭愧,抬起头叹息说:"现在我忘了我要回答的,所以也忘了我所要问的。"老子说:"这话是怎么说呢?"南荣趎说:"没有智慧吧,人们说我愚钝;有智慧吧,反而使我苦恼。不仁吧,则与他人有害;仁吧,反让我自身愁苦。不义吧,则有损于他人;义吧,反让我困苦。我怎样避开这些呢?这三样东西,是我所苦恼的。希望由于庚桑楚的介绍而得到赐教。"老子说:"刚才我看你的眉目之间,我就知道了你的心思,现在你的话又证实了它。你失魂落魄的样子,就像失去了父母,拿着竹竿去大海中打捞。你是一个流浪的人啊!惘然失落,你想要恢复你的情性,却不知从哪儿着手,真可怜啊!"

徐无鬼

《徐无鬼》是杂篇中的第二篇。本篇取篇首三字为题目。徐无鬼,一位隐士的形象,这里以人名为篇名。该篇篇幅长,内容杂,故事与故事之间在意脉上甚至不相关联,但总体上仍以谈论"无为"为主。关于君天下,作者认为,"爱民,害民之始也,为义偃兵,造兵之本也","君虽为仁义,几且伪哉!"他的主张是,"无藏逆于得,无以巧胜人,无以谋胜人,无以战胜人"。本篇还借黄帝与牧童关于"为天下"的问答,指出沉迷于治天下终将害天下,从而表述了无为而治的思想。本篇选译时有删节。

徐无鬼因女商见魏武侯①，武侯劳之曰："先生病矣，苦于山林之劳故，乃肯见于寡人。"徐无鬼曰："我则劳于君，君有何劳于我！君将盈耆欲，长好恶，则性命之情病矣；君将黜耆欲，掔好恶②，则耳目病矣。我将劳君，君有何劳于我！"武侯超然不对。少焉，徐无鬼曰："尝语君吾相狗也：下之质，执饱而止，是狸德也；中之质，若视日；上之质，若亡其一。吾相狗又不若吾相马也。吾相马：直者中绳，曲者中钩，方者中矩，圆者中规，是国马也，而未若天下马也。天下马有成材，若卹若失，若丧其一。若是者，超轶绝尘③，不知其所。"武侯大悦而笑。徐无鬼出，女商曰："先生独何以说吾君乎④？吾所以说吾君者，横说之则以《诗》《书》《礼》《乐》，从说之则以《金板》《六弢》⑤，奉事而大有功者不可为数，而吾君未尝启齿。今先生何以说吾君？使吾君说若此乎？"徐无鬼曰："吾直告之吾相狗马耳。"女商曰："若是乎？"曰："子不闻夫越之流人乎？去国数日⑥，见其所知而喜；去国旬月，见所尝见于国中者喜；及期年也，见似人者而喜矣。不亦去人滋久、思人滋深乎？夫逃虚空者，藜藋柱乎鼪鼬之径⑦，踉位其空，闻人足音跫然而喜矣⑧，又况乎昆弟亲戚之謦欬其侧者乎⑨！久矣夫，莫以真人之言謦欬吾君之侧乎！"

①徐无鬼因女商：徐无鬼，姓徐，名无鬼，魏国隐士。女商，魏武侯的宠臣。
②掔：去除。
③超轶：超越。轶，同"逸"。
④说：通"悦"。
⑤从：通"纵"。
⑥国：国都。
⑦藜藋：一种野草，又名灰菜。
⑧跫：脚踏地的声音。
⑨謦欬：咳嗽。这里指谈笑之声。

徐无鬼由于女商得见魏武侯，武侯问候他说："先生太贫困了吧，为隐居山林的辛劳而痛苦，所以才会来见我。"徐无鬼说："我来问候你，你有什么需要问候我的呢？你要充满嗜好和欲望，增加喜好和厌恶，那么性命的真情就会受到损害。

你要袪除嗜好和欲望，抛弃了喜好和厌恶之情，那么你的耳目的享受就要受到损害。我来问候你，你有什么需要问候我的！"武侯怅然若失，无法应对。过了一会，徐无鬼说："试着给你说说我的相狗术吧：低劣品质的，吃饱就行，这是懒猫的德性；中等品质的，就像在看太阳，目光比较高远；上等品质的，精神专一，就像忘了自己的存在。我的相狗术又比不上我的相马术。我看马的时候：那直着走时合于绳墨，弯着走时合于钩，方着走时合于矩，圆着走时合于规的，这是国马。但国马不如天下马。天下马有天然成材的，凝神聚思，仿佛忘掉了自我。像这样的，飞奔绝尘，不知它会去向哪里。"武侯非常高兴地笑了。徐无鬼出来后，女商说："先生你用什么特别的方法让我的国君如此高兴呢？我用来让国君高兴的，横说用《诗》《书》《礼》《乐》，竖说用《金板》《六弢》，效劳做事而有大功的不计其数，但国君从来没有开口笑过。今日先生凭什么取悦我的国君呢？竟然让我的国君高兴到如此地步？"徐无鬼说："我只是向他说了我是怎么相狗和相马的。"女商说："就这吗？"徐无鬼说："你没听说过越国流放的人吗？离开国都几天，见到他认识的人就感到高兴；离开国都十天一月的，见到他曾经在国中见过的人便感到高兴；等到过了一年，见到似曾相识的人就感到高兴。不就是离开故人时间越长，想念故人的情感就越深吗？那逃到荒郊野外的人，野草阻塞了鼪鼬出没的道路，长居旷野，听到人的脚步声就惊喜不已，更何况兄弟亲戚在身旁谈话呢！很长时间了，没有纯真的话语谈论于国君的身旁啦。"

[原文]

　　徐无鬼见武侯，武侯曰："先生居山林，食芧栗①，厌葱韭②，以宾寡人③，久矣夫！今老邪？其欲干酒肉之味邪④？其寡人亦有社稷之福邪？"徐无鬼曰："无鬼生于贫贱，未尝敢饮食君之酒肉，将来劳君也。"君曰："何哉！奚劳寡人？"曰："劳君之神与形。"武侯曰："何谓邪？"徐无鬼曰："天地之养也一，登高不可以为长，居下不可以为短。君独为万乘之主，以苦一国之民，以养耳目鼻口，夫神者不自许也。夫神者，好和而恶奸。夫奸，病也，故劳之。唯君所病之何也？"武侯曰："欲见先生久矣！吾欲爱民而为义偃兵，其可乎？"徐无鬼曰："不可。爱民，害民之始也；为义偃兵，造兵之本也。君自此为之，则殆不成。凡成美，恶器也。君虽为仁义，几且伪哉！形固造形，成固有伐，变固外战。君亦必无盛鹤列于丽谯之间⑤，无徒骥于锱坛之宫⑥，无藏逆于得，无以巧胜人，无以谋胜人，无以战胜人。夫杀人之士民，兼人之土地，以养吾私与吾神者，其战不知孰善？胜之恶乎在？君若勿已矣！修胸中之诚以应天地之情而勿撄。夫民死已脱矣，君将恶乎用夫偃兵哉！"

①茅栗：橡子。
②厌：通"餍"。
③宾：同"摈"，摈弃。
④干：谋求。
⑤鹤列：古代陈兵布阵法之一。丽谯：城楼。
⑥徒骥：步兵和骑兵。锱坛：宫殿名。

徐无鬼去见武侯，武侯说："先生住山林，吃橡子，饱食葱韭，远离我很久了。现在是年龄大了？还是想求高官厚禄了？还是有治国的良策而造福于我的国家？"徐无鬼说："我出身贫贱，不曾敢贪求君主的高官厚禄，是来问候君主的。"武侯说："为什么呢？怎么样问候我？"徐无鬼说："问候你的精神和形体。"武侯说："怎么讲呢？"徐无鬼说："天地的养育都是一样的，处在高位的不应该自为高贵，居于低位的不应该自以为卑微。唯独你作为一国之主，靠苦累了全国人民来满足你耳目鼻口的享受，那心神却不得自适。心神这种东西，喜好和顺而讨厌混乱。心绪紊乱，那是病，所以来问候你。唯独你所得的是什么病呢？"武侯说："想要见先生你很久了。我想要爱护人民为了道义而停止打仗，这样行吗？"徐无鬼说："不行。爱护人民，是危害人民的开始，为了道义而停战，那是发起新的战争的根源。你从这些方面去做，会劳而无功。凡是能成全好名声的，都是做坏事的工具。你即使是为了仁义，却更近于作假。一种形态一定会造就出另一种形态，有了成功一定会产生自我炫耀，出现事变一定会引起对外征战。君主也一定不要声势浩大地陈列士兵在城楼之间，不要集结步兵骑兵于锱坛之宫中，不要隐匿丝毫有悖于理的杂念去贪得，不要用心计去取胜于人，不要用机谋去取胜于人，不要用战争去取胜于人。那屠杀人家的士兵人民，吞并人家的土地，来滋养自己的私欲和精神的，这样的战争不知道谁是对的，胜利又在哪里呢？君主如果不这样，修养心中的真性，来顺应天地的真情而不扰乱外物，那人民的死亡已不存在，你还何须去停战呢？"

原文

黄帝将见大隗乎具茨之山①，方明为御，昌宇骖乘②，张若、謵朋前马，昆阍、滑稽后车。至于襄城之野，七圣皆迷，无所问涂。适遇牧马童子，问涂焉，曰："若知具茨之山乎？"曰："然。""若知大隗之所存乎？"曰："然。"黄帝曰："异哉小童！非徒知具茨之山，又知大隗之所存。请问为天下。"小童曰："夫为天下者，亦若此而已矣，又奚事焉！予少而自游于六合之内，予适有瞀病③，有长者教予曰：'若乘日之车而游于襄城之野。'

今予病少痊,予又且复游于六合之外。夫为天下亦若此而已。予又奚事焉!"黄帝曰:"夫为天下者,则诚非吾子之事,虽然,请问为天下。"小童辞。黄帝又问。小童曰:"夫为天下者,亦奚以异乎牧马者哉!亦去其害马者而已矣!"黄帝再拜稽首,称天师而退。

①具茨:即今大隗山,在今河南密县东南。
②昌宇:虚构的人名之一。
③瞀(mào)病:头晕目眩之病。

黄帝要到具茨山上去拜见大隗,方明来驾车,昌宇当陪乘,张若和谐朋在前导引,昆阍和滑稽在后跟随。到了襄城的郊野,七位圣人全迷失了方向,又无处问路。恰好碰上一个放马的小孩,黄帝向牧童问路:"你知道具茨山吗?"小孩说:"知道。"又问:"你知道大隗在哪里吗?"小孩又回答说:"知道。"黄帝说:"奇异的小孩,不只知具茨山,还知道大隗在哪里。请问怎么治理天下。"小孩说:"那治理天下的,也像这样罢了,又为何多事呢?我从小自由自在地游乐于宇宙之内,正好犯了头晕目眩的病。有位老者教导我:'你乘着太阳车到襄城的郊野去游乐。'现在我的病好了点儿,我又准备去游乐于宇宙之外。那治理天下也不过像这样罢了,我又为何要多事呢?"黄帝说:"那治理天下,确实不是你的事,即使这样,还请问怎么治理天下。"小孩没作回答,黄帝继续请教。小孩说:"那治理天下,又有什么不同于牧马呢?也只是去掉那害马罢了。"黄帝给小孩行了叩头到地的大礼,称他为天师,然后退去。

知士无思虑之变则不乐;辩士无谈说之序则不乐;察士无凌谇之事则不乐①:皆囿于物者也。招世之士兴朝;中民之士荣官;筋力之士矜难②;勇敢之士奋患;兵革之士乐战;枯槁之士宿名③;法律之士广治;礼教之士敬容;仁义之士贵际。农夫无草莱之事则不比;商贾无市井之事则不比;庶人有旦暮之业则劝;百工有器械之巧则壮。钱财不积则贪者忧,权势不尤则夸者悲④,势物之徒乐变。遭时有所用,不能无为也,此皆顺比于岁,不物于易者也。驰其形性,潜之万物,终身不反,悲夫!

①凌谇:通"零碎"。

②矜难:以能排忧解难自矜。
③枯槁之士:指隐士。
④尤:突出,出众。

有智略的人没有思虑的变化就不快乐,善于辩论的人没有谈说议论的机会就不快乐;擅长明察的人没有零碎纠纷的事端就不快乐:这些人都是被外物牵累和束缚的。以救世主自居,招贤纳才人从朝堂上开始振兴;喜欢治理人民的人以做官为显荣;身强力壮的人以能排忧解难而自豪;勇猛无畏的人总是奋争于祸患;沙场武士喜欢征战;隐居之士看重名声;研求法令的人全心乐于推广法治;推崇礼教的人讲究仪容;崇仰仁义的人注重交际。农人没有农事可作就心神不安;商人没有生意可做就六神不定;平民有个日常工作就会努力自勉;匠人有了工具的技巧就会气盛;钱财无法积存,贪婪的人就会忧郁不乐;权力不壮大,权欲极强的人就会哀愁悲伤;一心追求权势与财富的人喜欢变卦。遇到时机就赶快利用,不能恬淡无为,这些都是顺时逐利,不能役使外物在变化之中的人。全身心地逐利,沉溺于物欲之中,一生都不知觉醒,真是可悲啊!

庄子曰:"射者非前期而中谓之善射①,天下皆羿也,可乎?"惠子曰:"可。"庄子曰:"天下非有公是也②,而各是其所是,天下皆尧也,可乎?"惠子曰:"可。"庄子曰:"然则儒墨杨秉四,与夫子为五,果孰是邪?或者若鲁遽者邪?其弟子曰:'我得夫子之道矣!吾能冬爨鼎而夏造冰矣③!'鲁遽曰:'是直以阳召阳,以阴召阴,非吾所谓道也。吾示子乎吾道。'于是为之调瑟,废一于堂④,废一于室,鼓宫宫动,鼓角角动,音律同矣!夫或改调一弦,于五音无当也,鼓之,二十五弦皆动,未始异于声而音之君已!且若是者邪!"惠子曰:"今乎儒墨杨秉,且方与我以辩,相拂以辞,相镇以声,而未始吾非也⑤,则奚若矣?"庄子曰:"齐人蹢子于宋者⑥,其命阍也不以完⑦;其求铅钟也以束缚⑧;其求唐子也而未始出域⑨:有遗类矣!夫楚人寄而蹢阍者;夜半于无人之时而与舟人斗,未始离于岑而足以造于怨也⑩。"

①前期:预设目标。
②公是:公认正确。
③爨:烧。

④废：放置。
⑤吾非：非吾，说明我是错的。
⑥蹢：通"摘"，投，掷。
⑦阍：守门人。
⑧钘：一种乐器，似小钟而长颈。
⑨唐：亡失。
⑩岑：岸。

庄子说："射箭的人没有先瞄准而误中了就称他善于射箭，天下就都成羿了，能这么说吗？"惠子说："能。"庄子又说："天下没有个公认的标准，而人人自以为是，那天下都成圣人尧了，能这么说吗？"惠子说："能。"庄子说："那么儒、墨、杨、秉四家，加上你五家，究竟哪一家是正确的呢？也许像鲁遽，他的弟子说：'我学得了先生您的道了！我能寒冬烧鼎，酷暑造冰了。'鲁遽说：'这只是用阳气招来了阳气，用阴气招来了阴气，不是我所说的道。我让你看看我的道。'于是调好瑟弦，放一张在厅中，放一张在居室，在一张上弹奏宫音，另一张便呼应共鸣，在一张上弹奏角音，另一张也呼应共鸣，这是因为它们的音律相同。如果改变了其中一弦的调，让它和五音不合，弹奏它，那么二十五根弦就会都跟着演奏起来。它虽不曾发出不同的奇异之声，但已经是这些音中的主宰了。你也将会是这一个吗？"惠子说："现在儒、墨、杨、秉四家，正在和我辩论，互相用言语来反驳，互相用声望来抑制，但从没说明是我不对，那何谈像这样呢？"庄子说："有个齐国的人把他的儿子扔到了宋国，他迫使儿子做守门人不让儿子健全；他得到钘钟后把它们包裹捆绑起来；他寻找丢掉的孩子却不出村门，这就和你们的辩论相似啊！有个楚人寄居在别人家却投掷那里的守门人；半夜无人时又和船家打斗，还没离岸就足够结下仇怨了。"

【原文】

庄子送葬，过惠子之墓，顾谓从者曰："郢人垩慢其鼻端若蝇翼①，使匠石斲之。匠石运斤成风②，听而斲之③，尽垩而鼻不伤，郢人立不失容。宋元君闻之，召匠石曰：'尝试为寡人为之。'匠石曰：'臣则尝能斲之。虽然，臣之质死久矣④！'自夫子之死也，吾无以为质矣，吾无与言之矣！"

①垩（è）：石灰。慢：通"漫"，涂抹。
②运：挥动。
③听：听任。
④质：对手，搭档。

庄子送葬，路过惠子的墓地，回头对跟从的人说："郢地有个人用石灰涂到他的鼻尖上，如苍蝇的翅膀那么薄，让匠人石砍削掉它。匠人石挥斧如风，随手就削掉了它，白灰尽除而鼻子丝毫没受伤害，郢地的这个人纹丝没动，脸不变色。宋元君听说后，召见匠人石说：'试着给寡人做做好吗？'匠人石说：'我是还能削掉它。可是，我的搭档死了好长时间了！'自从惠子先生去世后，我再也没有对手了，我没有能相与谈论的人了！"

管仲有病，桓公问之曰："仲父之病病矣①，可不讳云，至于大病②，则寡人恶乎属国而可？"管仲曰："公谁欲与？"公曰："鲍叔牙。"曰："不可。其为人洁廉，善士也；其于不己若者不比之③；又一闻人之过，终身不忘。使之治国，上且钩乎君④，下且逆乎民。其得罪于君也将弗久矣！"公曰："然则孰可？"对曰："勿已则隰朋可。其为人也，上忘而下畔⑤，愧不若黄帝，而哀不己若者⑥。以德分人谓之圣；以财分人谓之贤。以贤临人，未有得人者也；以贤下人，未有不得人者也。其于国有不闻也，其于家有不见也。勿已则隰朋可。"

注释

①仲父之病病矣：仲父的病情已经很严重了。仲父，齐桓公对管仲的敬称。病病，前一"病"字是名词，后一"病"字是形容词。
②大病：这里指死亡。
③比：亲近。
④钩：违背。
⑤畔：伴。
⑥哀：爱怜。

管仲生病了，齐桓公问他说："仲父的病情已经很严重了，只好不忌讳地说了。等到你过世后，那么我把国事托付给谁好呢？"管仲说："您准备委托给谁？"齐桓公说："鲍叔牙。"管仲说："不行。他为人廉洁，是个好人。他对不如自己的人不亲近，又一听到某人的过错，就终生不忘。让他来治理国家，对上会束缚国君，对下会违背民意，他得罪国君也就不久了。"齐桓公说："那么谁可以呢？"管仲回答说："要不就隰朋还行。他的为人，对上不计较，对下又和善，惭愧自己不如黄帝，而爱怜比不上自己的人。用道德来感化他人的称之为圣；用财物给予他人的称之为贤。自恃贤名而居高临下于他人的,没有能获得人心的;拥有贤名又谦逊于人的,没有不能获得人心的。他对于国事不会事无巨细样样都亲自打听,他对于家事不会不分大小件件都亲自过目。要不那隰朋还行。"

【原文】

吴王浮于江,登乎狙之山,众狙见之,恂然弃而走①,逃于深蓁②。有一狙焉,委蛇攫抓,见巧乎王③。王射之,敏给搏捷矢④。王命相者趋射之⑤,狙执死。王顾谓其友颜不疑曰:"之狙也⑥,伐其巧⑦、恃其便以敖予⑧,以至此殛也⑨。戒之哉!嗟乎!无以汝色骄人哉?"颜不疑归而师董梧,以锄其色⑩,去乐辞显,三年而国人称之。

①恂然:惊慌害怕的样子。
②蓁:通"榛"。
③见巧:展示技巧。见,通"现"。
④捷:通"接"。
⑤相者:指吴王左右的人。趋:通"促"。
⑥之:此,代词。
⑦伐:炫耀。
⑧便:敏捷。敖:通"傲"。
⑨殛:死亡。
⑩锄:去掉。

【译文】

吴王在长江泛舟,登上了猕猴山。众猴看见后,惊慌地四散奔跑,逃进了深深的荆棘丛。有一只猕猴在那里,从容地上跃下跳,向吴王显示它的技巧。吴王射它,它敏捷地接住了箭。吴王命令助手们都前去射它,这只猕猴被射死了。吴王回头对他的朋友颜不疑说:"这只猴子,炫耀它的灵巧,自恃灵敏而在我面前傲慢,以至于送掉了性命。以此为戒吧。唉,不要用你的脸色和态度来傲慢于人。"颜不疑回去就拜董梧为师,改掉了傲态,抛弃了淫乐,告别了荣华显耀,三年后国人都称誉他。

【原文】

南伯子綦隐几而坐,仰天而嘘。颜成子入见曰:"夫子,物之尤也①。形固可使若槁骸,心固可使若死灰乎?"曰:"吾尝居山穴之中矣。当是时也,田禾一睹我而齐国之众三贺之②。我必先之,彼故知之;我必卖之,彼故鬻之。若我而不有之,彼恶得而知之?若我而不卖之,彼恶得而鬻之?嗟乎!我悲人之自丧者③;吾又悲夫悲人者;吾又悲夫悲人之悲者;其后而日远矣!"

①尤:最,特别。这里赞扬南伯子綦出类拔萃。
②田禾:即齐太公。
③自丧:丧失自我。

　　南伯子綦靠着几案坐着,抬起头来缓慢地吐气。颜成子进来见了他说:"先生,你真伟大啊!形体确实可以让它变得像枯骨一样,难道心灵也确实能让它变得像死灰一样吗?"南伯子綦说:"我曾经居住在山洞中,那时候,齐国国君田禾一来探望我,齐国人民就不住地向他祝贺。我一定是先有所表现,所以他才知道了我;我一定是先出卖自我,所以他才能来收买我。如果我没有任何表现,他怎么能够知道我呢?如果我不自我出卖,他怎么敢来收买我呢?唉,我可怜那些丧失自我的人;我又可怜那可怜人的人;我又可怜那可怜可怜人的人。从这以后,我的心灵就越来越远离纷杂世事了!"

　　仲尼之楚,楚王觞之①。孙叔敖执爵而立。市南宜僚受酒而祭,曰:"古之人乎!于此言已。"曰:"丘也闻不言之言矣,未之尝言,于此乎言之:市南宜僚弄丸,而两家之难解;孙叔敖甘寝秉羽,而郢人投兵②;丘愿有喙三尺③。"彼之谓不道之道,此之谓不言之辩。故德总乎道之所一,而言休乎知之所不知,至矣。道之所一者,德不能同也。知之所不能知者,辩不能举也。名若儒墨而凶矣。故海不辞东流,大之至也。圣人并包天地,泽及天下,而不知其谁氏。是故生无爵,死无谥,实不聚,名不立,此之谓大人。狗不以善吠为良,人不以善言为贤,而况为大乎!夫为大不足以为大,而况为德乎!夫大备矣莫若天地。然奚求焉而大备矣!知大备者无求、无失、无弃,不以物易己也。反己而不穷,循古而不摩④,大人之诚!

【注释】

①觞之：以酒宴招待孔子。觞，酒杯。这里用作动词。
②甘寝秉羽：安然而卧，摇着羽扇。投兵：扔掉兵器。
③喙：嘴。
④磨：磨灭。

【译文】

　　孔夫子到了楚国，楚王招待他。孙叔敖拿着酒器站在旁边。市南宜僚拿着酒祝祭说："古代的人，在这时就要讲话。"孔子说："我也听过不出声的言语，还从没说过，在这里说一下吧。市南宜僚玩球而免除了两家的灾难；孙叔敖安睡摇扇就让郢人停战；我难道愿意多嘴多舌。"那叫做不言之道，这叫做不言之论。所以，德是统领于道的同一性的，说话能停止在自己智识所不知道的地方，那就最好了。同样是悟得道的人，德是不一样的。智识有无法知道的，辩论也就无法概全。标榜自我名声，像儒墨两家那样就危险了。所以大海不拒绝流入的江河，才成了最博大的；圣人胸怀能包容天地，恩惠遍及天下，人民却不知道他是谁。因此活着时没有官爵，去世后没有谥号，不聚财，不留名，这就称为伟大之人。狗不因为它善于吠叫就称为好狗，人不因为他善于言辞就称为贤人，更何况被称为是伟大的呢？那些伟大的人都不认为自己够伟大，何况只是修德养性的人呢？再大大不过天地，天地什么也不求，却是最完备的。懂得完备的人，没有索求，没有散失，没有抛弃，不因外物而更改自我。自求于己而不会穷尽，顺应常性而不磨灭，这就是伟大之人的真性。

外　物

【题解】

　　《外物》是杂篇中的第四篇。本篇取篇首二字为题目。外物，即外在的事物。本篇旨在讨论虚己无为以养生这一话题。作者认为，外物本无定数，即如忠孝之类，勉强求之，反会使自己陷于利害之争的境地，"利害相摩，生火甚多，众人焚和"，清静的心性受到搅扰损伤，于是精神颓废而道德丧尽；"与其誉尧而非桀，不如两忘而闭其所誉"；"圣人踌躇以兴事，以每成功"，万事从容，"去小知而大知明，去善而自善"。作者重申"无用之为用"的道理，指出"唯至人乃能游于世而不僻，顺人而不失己"，认为只有真正的高人才能悠游于世事之中而不会出现偏执，顺随人事而不会失去自我。一句话，虚己无执，得意忘言，无为而无不为。本篇选译时有删节。

【原文】

　　外物不可必，故龙逢诛，比干戮，箕子狂，恶来死，桀、纣亡。人主莫不欲其臣之忠,而忠未必信,故伍员流于江,苌弘死于蜀,藏其血,三年而化为碧。人亲莫不欲其子之孝,而孝未必爱,故孝己忧而曾参悲。木与木相摩则然①,金与火相守则流,阴阳错行,则天地大绂②,于是乎有雷有霆,水中有火③,乃焚大槐。有甚忧两陷而无所逃。蛜蝀不得成④,心若县于天地之间⑤,慰暋沈屯⑥,利害相摩,生火甚多,众人焚和,月固不胜火,于是乎有僓然而道尽⑦。

①摩:摩擦。然:"燃"之本字。
②绂:通"骇",震惊,惊动。
③水中有火:指大雨中电闪雷鸣。
④蛜蝀(chéndūn):惊恐不定。
⑤县:通"悬"。
⑥慰暋(mín):忧郁。沈屯:沉闷。
⑦僓然:犹"颓然"。

　　外物都不能够有定数,所以龙逄被杀害,比干被挖心致死,箕子被迫装疯卖傻,恶来也终被处死,夏桀、商纣最后都灭亡。君主没有不希望自己的大臣忠心不二的,但忠心耿耿未必被信任,所以伍员的尸体被抛江流逝,苌弘在四川自杀,珍藏他的血,三年后化成了碧玉似的硬块。父母亲没有不希望自己的儿女孝敬的,但孝敬未必被宠爱,所以孝己终因后母的虐待致死,曾参常因挨打而悲泣。木和木相互摩擦会燃烧,金属和火守在一处就会被熔化,阴和阳发生差错,天地就会大加震动,于是雷霆齐发,电闪雨倾,魁伟的大槐树被焚烧毁灭。非常忧虑,就会陷入利害之争两种境地而无处可逃。心神不定,事事无法可成,心灵就仿佛悬于天地之间而没有着落,忧郁苦闷,利害在心中不断冲突,心火越生越多,众人都焚毁了和气,清静的心性本来受不住焦虑,于是精神颓废而道德丧尽。

　　庄周家贫,故往贷粟于监河侯。监河侯曰:"诺。我将得邑金①,将贷子三百金,可乎?"庄周忿然作色曰:"周昨来,有中道而呼者②,周顾视车辙,中有鲋鱼焉。周问之曰:'鲋鱼来③,子何为者耶?'对曰:'我,东海之波臣也。君岂有斗升之水而活我哉!'周曰:'诺,我且南游吴越之王④,激西江之水而迎子,可乎?'鲋鱼忿然作色曰:'吾失我常与⑤,我无所处。吾得斗升之水然活耳⑥。君乃言此,曾不如早索我于枯鱼之肆。'"

①邑金：封地上所收的赋税。
②中道：途中。
③来：语气词。
④且：将。
⑤常与：经常在一起的。这里指水。
⑥然：则，就。

【译文】

庄周家中贫困，所以去监河侯家借米。监河侯说："可以，我马上就要收得封地的税金了，到时借给你三百金，好吗？"庄周气得脸色都变了，说："我昨天来时，在途中听到有呼救的声音，我回头看见在车辙中有条鲫鱼。我问它说：'鲫鱼啊，你干什么呢？'鲫鱼回答说：'我是东海的一名小官。您能拿斗升之水使我活下来吗？'我说：'好，我将南去游说吴越之王，引来西江的水救你，行吗？'鲫鱼气得脸色都变了，说：'我失去了我离不开的水，我没有活命之地。我得到斗升之水就可以活了，您竟然说这些话，那还不如早点到干鱼市场上去找我呢！'"

【原文】

任公子为大钩巨缁①，五十犗以为饵②，蹲乎会稽，投竿东海，旦旦而钓，期年不得鱼。已而大鱼食之，牵巨钩，陷没而下，鹜扬而奋鬐③，白波若山，海水震荡，声侔鬼神，惮赫千里④。任公子得若鱼，离而腊之⑤，自制河以东⑥，苍梧已北，莫不厌若鱼者⑦。已而后世辁才讽说之徒⑧，皆惊而相告也。夫揭竿累⑨，趣灌渎，守鲵鲋，其于得大鱼难矣！饰小说以干县令⑩，其于大达亦远矣。是以未尝闻任氏之风俗，其不可与经于世亦远矣！

①缁：黑绳子。
②犗(jiè)：被阉割过的牛。
③鹜：在水下乱窜。
④惮赫：震惊，惊吓。
⑤离：指剖开、肢解。腊(xī)：晾干。
⑥制河：指浙江。制，通"淛"，即"浙"。
⑦厌：通"餍"，饱食。
⑧辁(quán)才：谓浅陋之才。
⑨揭：举着。累：细绳子。

⑩小说:浅陋的言论。干县令:求得好的名声。县,通"悬"。令,美名。

任公子做了一个特大的鱼钩系上巨大的黑绳,用五十头肥牛做钓饵,蹲在会稽山上,抛鱼竿在东海中,天天在那儿钓鱼,等了一年没钓着一条。后来有大鱼吞饵上钩,拉着巨大的鱼钩沉没水下翻腾挣扎,跳跃舞须,搅起的白浪如山,海水激荡,吼声如鬼神一般,震惊了千里。任公子钓得了这条鱼,把它剖开晾成鱼干,从浙河以东,苍梧以北,没有不饱食这鱼肉的。此后那些浅陋之才与喜好嚼舌传说之徒,都惊奇地奔走相告。拿着细竿,拴着小绳,跑到小水沟旁,守候鲵鲋等这些小鱼上钩,这么干的话,要想钓到大鱼那是太难了。粉饰浅陋的言论来求得高高的名声,那对于求得大道也太遥远了。所以未曾真正听懂领会任氏之风尚习俗的,他的不能够处理世事也是太厉害了。

儒以《诗》《礼》发冢①,大儒胪传曰②:"东方作矣③,事之何若?"小儒曰:"未解裙襦,口中有珠。《诗》固有之曰:'青青之麦,生于陵陂。生不布施,死何含珠为?'"接其鬓,压其顪④,儒以金椎控其颐⑤,徐别其颊⑥,无伤口中珠。

①发冢:挖墓。
②胪(lú)传:往下传话。
③作:起。这里指日出。
④顪(huì):胡须。
⑤颐:面颊。
⑥别:分开。

两儒生口中说着《诗》《礼》在那儿盗墓,大儒传话说:"天亮了,事情办得怎么样了?"小儒回答:"还没解开裙子上衣呢,口中含着一颗宝珠。《诗》书上就说过:'青青的麦子,长在山坡上。活着时不向人施舍,死了为什么还含珠呢?'"于是揪着尸体的鬓发,压着他的胡须,然后用锥子撬开他的面颊,慢慢地分开了他的两颊,一点儿都没有弄坏口中那颗明珠。

老莱子之弟子出薪①,遇仲尼,反以告曰②:"有人于彼,修上而趋下③,

末偻而后耳,视若营四海,不知其谁氏之子。"老莱子曰:"是丘也,召而来。"仲尼至。曰:"丘,去汝躬矜与汝容知,斯为君子矣。"仲尼揖而退,蹙然改容而问曰:"业可得进乎?"老莱子曰:"夫不忍一世之伤,而骜万世之患④。抑固窭邪⑤?亡其略弗及邪⑥?惠以欢为骜,终身之丑,中民之行易进焉耳⑦!相引以名,相结以隐⑧。与其誉尧而非桀,不如两忘而闭其所誉。反,无非伤也;动,无非邪也。圣人踌躇以兴事⑨,以每成功。奈何哉,其载焉终矜尔!"

①老莱子:楚国隐士。出薪:出去打柴。
②反:通"返"。
③趋:通"促",短促。这里形容身材的长短高矮情形。
④骜:通"傲"。
⑤窭(jù):浅薄,鄙陋。
⑥亡其:与"抑"字合用,构成关联词组"抑……亡其……",表示一种选择关系,意为"是……还是……"。略:才略,智略。
⑦中民:平庸之人。
⑧隐:隐私,私利。
⑨踌躇:从容。

老莱子的弟子去打柴,路上碰到仲尼,回来告诉老莱子说:"有个人在那儿,长长的上身短短的下身,弓着背,伸着头,两耳向后贴,目光炯炯有神,仿佛能看遍四海,不知道他是谁。"老莱子说:"这是孔丘,叫他来。"仲尼到了。老莱子说:"孔丘,扔掉你矜持斯文的行为和很有智慧的样子,这才是君子。"仲尼作揖后退,神色不安地问:"事业能够长进吗?"老莱子说:"不忍心让一世人受伤害,却没看到将造成万世的祸患。是本来就浅陋呢,还是失去了谋略赶不上呢?因能讨得别人的欢心就不住地施舍恩惠,却看不到蒙受了终身的羞耻,庸人的行为容易这样!靠名声来吸引,靠隐私来结交,与其说赞誉唐尧而批驳夏桀,还不如忘掉两者,不再评议是非之事。违背事物之真性,没有不受损伤的;不能恬淡平静而搅扰心性,没有不生邪念的。圣人无为,随物而起,因此往往取得成功。能怎么样呢?你总是背负着矜持贤能的包袱。"

宋元君夜半而梦人被发窥阿门①,曰:"予自宰路之渊,予为清江使河伯之所,渔者余且得予。"元君觉,使人占之,曰:"此神龟也。"君曰:

"渔者有余且乎?"左右曰:"有。"君曰:"令余且会朝。"明日,余且朝。君曰:"渔何得?"对曰:"且之网得白龟焉,其圆五尺。"君曰:"献若之龟。"龟至,君再欲杀之,再欲活之。心疑,卜之。曰:"杀龟以卜吉。"乃刳龟,七十二钻而无遗筴②。仲尼曰:"神龟能见梦于元君,而不能避余且之网;知能七十二钻而无遗筴,不能避刳肠之患。如是,则知有所困,神有所不及也。虽有至知,万人谋之。鱼不畏网而畏鹈鹕③。去小知而大知明,去善而自善矣。婴儿生,无硕师而能言④,与能言者处也。"

①被发:披头散发。阿(ē)门:边门,侧门。
②钻:占卜时灼钻龟甲。无遗筴:意思是推算吉凶,无不准确。筴,通"策"。
③鹈鹕:一种水鸟,体长约二米,嘴长,羽翼大而多白色,喜爱群居,捕食鱼类。亦称"海河鸟""伽蓝鸟""塘鹅"。
④硕师:大师。

宋元君半夜梦见有个披头散发的人从侧门向里窥察,对他说:"我从宰路的深渊来,我是清江使者,要出使到河伯那里去,渔人余且捕到了我。"宋元君醒来,让人占卜这件事。占卜的人说:"这是一只神龟。"宋元君说:"渔人中有个叫余且的吗?"左右侍从回答说:"有。"宋元君说:"命令余且来朝见我。"第二天,余且前来朝见。宋元君说:"你捕到了什么呢?"余且回答:"我捕得一只白龟,圆周有五尺长。"宋元君说:"献上你的龟来。"龟送到后,宋元君又想杀掉它,又想养活它,犹豫不决。心中实在疑惑不定,就让人占卜。占卜的说:"杀掉白龟,用龟壳来占卜,吉祥。"于是掏空了白龟,用它占卜了好多次,没有一次不灵验。仲尼说:"神龟能给宋元君托梦,却没有办法避开余且的渔网。它的智慧能多次占卜没有失误,却没有办法躲过被掏空内脏的祸患。这样说来,智能再高也有困窘的时候,神灵也有它无法达到的地方。尽管有最高的智慧,无数的人却都在算计它。鱼儿不怕渔网,却害怕鹈鹕。能够抛弃小聪明,才能使大智慧显示。除去伪善,那真正的善性自然就出现了。婴儿生下后没有高师指导,慢慢就能自己说话,这是因为和会说话的人处在一起的缘故。"

惠子谓庄子曰:"子言无用。"庄子曰:"知'无用'而始可与言'用'矣。夫地非不广且大也①,人之所用容足耳,然则厕足而垫之致黄泉②,人尚有用乎?"惠子曰:"无用。"庄子曰:"然则无用之为用也亦明矣。"

①夫：一本作"天"。据下文当以作"夫"为是。
②厕足：置足。垫：这里指刨挖。致：到，至。

惠子对庄子说："您的言论没有用处。"庄子回答说："懂得'无用'，才能够和他谈'有用'。那大地不能说是不广大吧，人所需要的只是立足之地。但是，如果把立足之地的旁边都挖成深渊，剩下的这块地对人还有用吗？"惠子说："没有用了。"庄子说："那么没有用处的用处也就很明了了吧。"

演门有亲死者①，以善毁爵为官师②，其党人毁而死者半③。尧与许由天下，许由逃之；汤与务光，务光怒之；纪他闻之，帅弟子而踆于窾水④，诸侯吊之。三年，申徒狄因以踣河⑤。

筌者所以在鱼⑥，得鱼而忘筌；蹄者所以在兔⑦，得兔而忘蹄；言者所以在意，得意而忘言。吾安得夫忘言之人而与之言哉！

①演门：宋国都城城门之一。
②善：这里指至孝。毁：指毁损了自己的健康。
③党人：乡里之人。
④踆(cūn)：即古"蹲"字。这里有隐遁之意。
⑤踣：同"仆"。
⑥筌：一种捕鱼的工具。
⑦蹄：捕兽之网。

演门有个双亲去世了的人，因为他过度悲伤以至憔悴得模样都变了，所以被封为官师，他的乡里人便纷纷效仿，结果因憔悴过度而死者达到了一半。尧要让天下给许由，许由逃离了他；汤要让天下给务光，务光生气而自杀；纪他听了这些以后，带着弟子们隐居到了窾水，诸侯们便纷纷慕名来慰问他。三年后，隐士申徒狄因此愤而投河自尽。

竹筒的用处是捕鱼的，捕得了鱼便忘掉了竹筒；兔网的用处是捉兔的，捉得了兔子便忘掉了兔网；语言的用处是传达意思的，明白了意思便忘掉了言语。我怎么能够和那忘掉言语的人进行交谈呢！

寓　言

【题解】

《寓言》是杂篇中的第五篇。本篇取篇首二字为题目。寓言，此谓假托于别人所说的话。本篇的重要内容之一是，介绍了《庄子》的体例与语言等特点，言及寓言、重言、卮言所占的比重，界说其含义与作用，说明了这样做的理由。内容之二是，顺着"卮言"的含义说无心之言，讨论"天均""天倪"亦即自然法则，从而过渡到离形去智、无己任运、养生悟道这样的话题。

【原文】

寓言十九①，重言十七②，卮言日出③，和以天倪④。寓言十九，藉外论之。亲父不为其子媒。亲父誉之，不若非其父者也。非吾罪也，人之罪也。与己同则应，不与己同则反。同于己为是之，异于己为非之。重言十七，所以已言也。是为耆艾⑤，年先矣，而无经纬本末以期来者，是非先也。人而无以先人，无人道也。人而无人道，是之谓陈人。卮言日出，和以天倪，因以曼衍⑥，所以穷年。

不言则齐，齐与言不齐，言与齐不齐也。故曰："无言。"言无言：终身言，未尝言；终身不言，未尝不言。有自也而可，有自也而不可；有自也而然，有自也而不然。恶乎然？然于然；恶乎不然？不然于不然。恶乎可？可于可；恶乎不可？不可于不可。物固有所然，物固有所可。无物不然，无物不可。非卮言日出，和以天倪，孰得其久！万物皆种也，以不同形相禅，始卒若环，莫得其伦，是谓天均⑦。天均者，天倪也。

①寓言：假托于别人所说的话。
②重(zhòng)言：犹庄语，即庄重之言。
③卮(zhī)言：没有成见而随意表达的话。
④天倪：自然。
⑤耆艾：年长的人。五十岁者为艾，六十岁为耆。
⑥曼衍：不受拘束，任心发挥。
⑦天均：自然均等统一。

寓言有十分之九，重言有十分之七，没有思想而表达的话，日日都有，层出不穷,顺自然而生。寓言有十分之九,是借外人之口来讨论事物。犹如亲生父亲不能给自己的儿子做媒。因为来自亲生父亲对儿子的称誉,总不如不是他的父亲的话让人信服。这不是我的过错,是人们习惯的过错。和自己相同的赞成,和自己不同的就反对。相同于自己的就是对的,不同于自己的就是错的。重言占了十分之七,所说的是自己的言论。这是作为长者的言论。年龄虽大,但没有见解主张而期待后来人的,这不能称为先人。做人没法被称为先人,是没有为人之道。做人没有为人之道,只能被称作陈腐之人。没有思想的言论日出不穷,顺其自然,所以得以散漫发展,终生言论。

不发言论,万物自然齐谐,齐谐中参与了主观言论就不再齐谐了,主观言论一参与齐谐也就无法齐谐了。所以说:"要说无声的语言。"说无声的语言,是一生都在传达真意,却从未曾开口说话;一生都没开口说话,但却并不是没有说话。有的是肯定的,有的是不肯定的;有的是正确的,有的是不正确的。怎样是正确的?正确的就是正确的。怎样是不正确的?不正确的就是不正确的。怎样是肯定的?肯定的就是肯定的;怎样是不肯定的?不肯定的就是不肯定的。万物本来就有它正确的一面,万物本来就有它肯定的一面;没有一物不存在正确的一面,没有一物不存在肯定的一面。没有无心之言日出不穷,顺随自然,谁又能够得以长久呢?万物都有种类,以不同的形象互相代替,循环往复,没有先后次序,这就叫做自然均等统一。自然均等统一,是自然的法则。

【原文】

庄子谓惠子曰:"孔子行年六十而六十化。始时所是,卒而非之。未知今之所谓是之非五十九非也。"惠子曰:"孔子勤志服知也①。"庄子曰:"孔子谢之矣②,而其未之尝言③。孔子云:'夫受才乎大本,复灵以生。鸣而当律,言而当法。利义陈乎前,而好恶是非直服人之口而已矣。使人乃以心服而不敢蘁④,立定天下之定。'已乎,已乎!吾且不得及彼乎!"

①服知:运用心智。
②谢:放弃,改变。
③未之尝言:一本作"未之言也"。
④蘁(wù):违逆。

庄子对惠子说:"孔子活了六十岁,而六十年来不住地变化。开始所肯定的,最后又否定了。不知道现在所说的对的是否是五十九年来曾都认为是错的。"惠子说:"孔子勤于自己的志愿,不住地运用心智。"庄子说:"孔子已经丢弃这些了。但他未尝作直接表述。孔子说:'人从大自然接受才智,回归灵性来获得真生。开口就作戒律,说话就当法令。利害仁义总放在前位,那好恶是非只是让人口服罢了。要让人从内心诚服而不再违逆,那才是立马让天下安定下来的准则。'罢了,罢了。我还不能够比得上他呢!"

【原文】

曾子再仕而心再化①,曰:"吾及亲仕,三釜而心乐②;后仕,三千钟而不洎③,吾心悲。"弟子问于仲尼曰:"若参者,可谓无所县其罪乎④?"曰:"既已县矣!夫无所县者,可以有哀乎?彼视三釜、三千钟,如观雀蚊虻相过乎前也。"

【注释】

① 仕:出来做官。
② 釜:古代量具。春秋战国时代流行于齐国。六斗四升为一釜。
③ 锺:古代量具。六斛四斗为一锺。洎:及。
④ 县:通"悬"。意为"受牵累于"。

【译文】

曾参再次做官时,心情发生了变化,他说:"我父母都在时做官,俸禄只有三釜,但心情快乐。后来做官,俸禄虽多到三千钟,但不能再赡养双亲,我心情非常悲伤。"弟子问孔子说:"像曾参这样的人,可说是没有受金钱所累的过错吧。"孔子说:"这已经是受牵累了。那没有被牵累的,哪来的哀伤呢?他看三釜和三千钟,就如同看鸟雀蚊虻飞过眼前一样。"

【原文】

颜成子游谓东郭子綦曰:"自吾闻子之言,一年而野①,二年而从,三年而通,四年而物,五年而来,六年而鬼入,七年而天成,八年而不知死、不知生,九年而大妙。生有为死也。劝公以其私②,死也有自也。而生阳也,无自也。而果然乎?恶乎其所适③,恶乎其所不适?天有历数,地有人据,吾恶乎求之?莫知其所终,若之何其无命也?莫知其所始,若之何其有命也?有以相应也,若之何其无鬼邪?无以相应也,若之何其有鬼邪?"

①野:质朴。
②公:这里指自然大道。私:这里指个人的作为。
③恶:何。疑问词。

颜成子游对东郭子綦说:"从我听了您的话后,一年就返璞归真,二年顺从万物不再固执己见,三年通达无阻,四年融入万物没有自我,五年万物归附而来,六年神鬼通悟,七年达到了天人合一,八年不再有生死之事的烦扰,九年进入了大道玄妙的境界。活着时用心作为,和死了没啥区别。用自己的行为去改变大道,那死是咎由自取。但活得生动活泼,那是没有刻意的原因。果然是这样吗?怎么样才是适意呢?怎么样才是不适意呢?上天自有它的时日季节,大地自有它的人物邦域,我还何须探求什么呢?不知道它的终结之所,像这样怎么说它有死呢?不知道它的起始之地,像这样怎么说它生呢?有时有相应验的现象,像这样怎么说是没有鬼神呢?有时没有相应验的现象,像这样又怎么说是有鬼神呢?"

【原文】

　　众罔两问于景曰①:"若向也俯而今也仰,向也括而今也被发②,向也坐而今也起,向也行而今也止。何也?"景曰:"搜搜也③,奚稍问也!予有而不知其所以。予,蜩甲也④,蛇蜕也,似之而非也。火与日,吾屯也⑤;阴与夜,吾代也⑥。彼,吾所以有待邪,而况乎以有待者乎!彼来则我与之来,彼往则我与之往,彼强阳则我与之强阳⑦。强阳者,又何以有问乎!"

①众:此字或为衍文,当删。罔两:影子边缘的阴影。景:通"影"。
②括:指束发。
③搜搜:形容自然而动的样子。
④蜩(tiáo)甲:即蝉衣。
⑤屯:聚,出现。
⑥代:谢,消失。
⑦强阳:犹徜徉,形容徘徊而动的样子。

　　影外的浅影问影子说:"你刚才低头而现在仰头,刚才束发而现在披发,刚才坐着现在又起来,刚才行走现在又停步。这是为什么呢?"影子说:"自然而然的动作,有什么值得好问的呢!我做这些动作,但不知道这样做的原因。我犹如蝉壳、蛇皮,只是像蝉、蛇,但并非蝉、蛇。有火和日,我就出现;在阴与夜,我就隐没了。人身,是我的依赖,更何况那没有依赖的呢!他来我就随他来,他去我就随他去,他动作我随他动作,这些自然而然的动作,又有什么值得好问的呢!"

【原文】

阳子居南之沛,老聃西游于秦。邀于郊,至于梁而遇老子。老子中道仰天而叹曰:"始以汝为可教,今不可也。"阳子居不答。至舍①,进盥漱巾栉,脱屦户外,膝行而前,曰:"向者弟子欲请夫子,夫子行不闲,是以不敢。今闲矣,请问其过。"老子曰:"而睢睢盱盱②,而谁与居!大白若辱③,盛德若不足。"阳子居蹴然变容曰:"敬闻命矣!"其往也,舍者迎将其家,公执席,妻执巾栉,舍者避席,炀者避灶④。其反也,舍者与之争席矣!

①舍:旅店,客舍。
②而:你。睢(suī)睢盱(xū)盱:形容仰视瞪眼的傲慢神态。
③大白若辱:语出《老子》四十一章。大白,谓十分清白。
④炀(yáng):向火取暖,烤火。

阳子居向南去沛地,老聃向西游学到秦地。阳子居到郊外迎接老聃,到了大梁而见到了老子。在路上,老子仰天而叹说:"以前认为你是可以教化的,现在看来不行啊。"阳子居没有做声。到了住宿的地方,阳子居侍候老子并送进洗漱用具,然后把鞋脱到门外,双膝跪行到老子前说:"刚才弟子想要请教先生,看先生没有空,所以没敢开口。现在先生闲下来了,请问一下我的过错。"老子说:"你那傲慢的神态,谁还会和你相处?极其清白的反像有污垢,道德极其高尚的反像有什么不足。"阳子居肃然起敬说:"敬听先生您的教诲。"阳子居刚来时,旅舍的人把他迎到屋中,男主人拿坐席,女主人拿洗漱用品,其他客人赶快给他让座,烤火的赶快躲开了火灶。到他离去时,旅舍的人已经都和他争抢坐席了。

列御寇

题解

《列御寇》是杂篇中的第十篇。本篇取篇首三字为题目。列御寇,即列子,已见于《逍遥游》《应帝王》等篇。该篇主要讨论虚静忘我、去智无为的思想。作者指出:"巧者劳而知者忧,无能者无所求,饱食而敖游,汎若不系之舟,虚而敖游者也!"他认为,技巧之人太劳累,智慧之人多忧患,而没有智能的人无所企求,吃饱后随心遨游,自由得仿佛没有缆系的小舟,这种心境虚无而遨游自在的人方为至人。"彼至人者,归精神乎无始,而甘冥乎无何有之乡。"作者津津乐道"至德之人",说他们回归精神于万物无始的混沌状态,酣眠于不见有形之物的太虚境界,视必然的东西都为不必然,所以没有争端,而俗世之人却把不必然的东西视为必然,所以经常发生争端。作者否定利禄,反对张扬,认为求仕速祸者是十分愚蠢而可悲的。

原文

列御寇之齐,中道而反,遇伯昏瞀人。伯昏瞀人曰:"奚方而反?"曰:"吾惊焉。"曰:"恶乎惊?"曰:"吾尝食于十浆而五浆先馈。"伯昏瞀人曰:"若是则汝何为惊已?"曰:"夫内诚不解,形谍成光①,以外镇人心,使人轻乎贵老,而齑其所患②。夫浆人特为食羹之货,无多馀之赢,其为利也薄,其为权也轻,而犹若是,而况于万乘之主乎!身劳于国而知尽于事③。彼将任我以事,而效我以功。吾是以惊。"伯昏瞀人曰:"善哉观乎!女处已,人将保汝矣!"无几何而往,则户外之屦满矣。伯昏瞀人北面而立,敦杖蹙之乎颐。立有间,不言而出。宾者以告列子,列子提屦,跣而走④,暨乎门,曰:"先生既来,曾不发药乎⑤?"曰:"已矣,吾固告汝曰:人将保汝。果保汝矣!非汝能使人保汝,而汝不能使人无保汝也,而焉用之感豫出异也⑥?必且有感,摇而本性,又无谓也。与汝游者,又莫汝告也。彼所小言,尽人毒也。莫觉莫悟,何相孰也⑦。巧者劳而知者忧,无能者无所求,饱食而敖游,泛若不系之舟,虚而敖游者也!

①形谍:在外表上流露。
②齑(jī):酿成,招致。
③知:通"智"。
④跣(xiǎn):光着脚。

⑤发药:意谓赠以药石之言。
⑥而:你。豫:愉快。
⑦孰:通"熟",深察。

列御寇到齐国去,中途就返回来了,路上遇见伯昏瞀人。伯昏瞀人问他:"什么事让你返回来了?"列御寇说:"那地方让我感到惊骇。"伯昏瞀人说:"什么让你感到惊骇?"列御寇说:"我曾到十家卖浆的店里买浆吃,就有五家先给我送来。"伯昏瞀人说:"不过如此,你又为何感到惊骇?"列御寇回答说:"那内心诚挚却还没通解大道,就会在外表上呈现出迷人的光彩,靠外形的东西来镇服人心,使人尊重自己超过了对老年人的尊重,这样会招来祸患。那卖浆人只作饮食的小买卖,没有大的赚头,他的利润也微薄,权势也轻微,但都像这样了,更何况是一国的君主呢?因国事而身体劳顿,才智耗尽,他将会把政事委任给我,以要我达到功效。我是因这而感到惊骇。"伯昏瞀人说:"真是善于观察啊!你慢慢看吧,人们将要归附于你了。"没过多长时间,伯昏瞀人到列御寇那儿,看到他门外放满了鞋子。伯昏瞀人面向北站着,拄杖而立,下巴贴着拐杖。站了一会儿,没说什么就出来了。客人们把这告诉了列子,列子提着鞋,光着脚就跑着追了出来,到了门口,说:"先生既然来了,还不指导一下?"伯昏瞀人说:"罢了,我本来已对你说了:人们将会归附于你。果然归附你了。不是说你能让人们归附于你,而是说你不能让人们不要归附于你,你何必要因此而感到愉悦,显得与众不同呢?一定会因有所感动而动摇了你的本性,又是无法可说的。和你共同游历的人,又不能告诉你。他们的那些卑俗琐碎之言,都是毒害人的东西。不能觉悟,怎么能相互明察呢?技巧的人劳累,智慧的人忧虑。没有智能的人无所要求,吃饱后就随心遨游,自由得仿佛没有系绳的小舟,这就是心境虚无而遨游自在的人。

"郑人缓也,呻吟裘氏之地①。只三年而缓为儒。河润九里,泽及三族②,使其弟墨。儒墨相与辩,其父助翟。十年而缓自杀。其父梦之曰:'使而子为墨者③,予也,阖胡尝视其良④?既为秋柏之实矣。'夫造物者之报人也,不报其人而报其人之天,彼故使彼。夫人以己为有以异于人,以贱其亲。齐人之井饮者相捽也⑤。故曰:今之世皆缓也。自是有德者以不知也,而况有道者乎!古者谓之遁天之刑。圣人安其所安,不安其所不安;众人安其所不安,不安其所安。

①呻吟:这里是吟咏诵读意思。

②三族:指父族、母族、妻族。
③而:你。
④阖:何不。良:或作"埌",坟墓。
⑤捽(zuó):揪扯着头发。

"有个叫缓的郑国人,在裘氏之地吟诵读书。刚三年就成了儒者。他的恩惠像河流一样滋润了九里,施及了三族,并使他的弟弟成了墨者。他们儒墨两家发生冲突、互相争辩的时候,他们的父亲帮助已成了墨者的弟弟翟。因为这,十年之后,缓终于自杀了。他的父亲梦见缓对他说:'让你的儿子成了墨者的,是我。为什么不去看看我的坟墓?上面的秋柏已结出果实了!'造物主赋予人的,不是赋予他人为的因素,而是赋予他自然的本性,他本来是什么样的,就使他成为什么样的。人们总认为,自己的行为和一般人不一样,以至轻视、指责他的亲人。就像齐人中造井饮水的人,误以为井水为己所出而相互撕扯扭打一样。所以说,现在的人都成了缓之流了。这种自以为是的做法,有德性的人都认为是不明智的,更何况是通达了大道的人呢!古人称它为违逆自然之刑罚。圣哲的人要顺于自然,无法安顺于人为;普通的俗人要顺于人为的管制,却不能安顺于自然。

"庄子曰:'知道易,勿言难。知而不言,所以之天也①。知而言之,所以之人也。古之人,天而不人。'朱泙漫学屠龙于支离益,单千金之家②,三年技成而无所用其巧。圣人以必不必,故无兵;众人以不必必之,故多兵。顺于兵,故行有求。兵,恃之则亡。小夫之知③,不离苞苴竿牍④,敝精神乎蹇浅⑤,而欲兼济道物⑥,太一形虚⑦。若是者,迷惑于宇宙,形累不知太初。彼至人者,归精神乎无始,而甘冥乎无何有之乡⑧。水流乎无形,发泄乎太清。悲哉乎!汝为知在毫毛而不知大宁。"

①之天:达于自然。之,至,到。动词。
②单:一本作"殚",尽。家:家业,家产。
③小夫:指俗人,匹夫。
④苞苴竿牍:指赠答应酬。苞苴,香草。竿牍,竹简。
⑤敝:耗损。动词。乎:于。介词。蹇浅:鄙俗。
⑥济:成就。动词。道:通"导"。
⑦太一:即下文的"太初"。这里意思是使同一,混沌。动词。
⑧冥:通"瞑"。

"庄子说:'懂得道容易,不妄加评论却困难。懂得却不评论,这是自然本色。懂得并谈论它,这是人为的境界。古代的人,顺其自然而不加人为。'朱泙漫跟支离益学习屠龙的技术,用尽了千金家业,三年学成了技巧,却没有派上用场的地方。圣人视必然的东西都为不必然,所以没有争端;一般俗人把不必然的东西都当必然,所以经常发生争端。总是顺服于武力,因而行为就有所贪求。武力,依靠它,最终就是自取灭亡。俗人的智慧,无非只是日常的交际应酬,把精神都耗损在这些鄙俗的琐事中,却还想兼济与引导万物,达到虚无玄妙之境。像这样的人,被宇宙万物外形所迷惑,身形劳顿,却不懂得万物初始混沌之境。那得道的高人,回归精神到万物无始的状态,全身心地酣眠在没有任何有形之物的太虚境界。像水流一样顺其自然,没有一定的形迹,一切行为动作都只是出于静寂空虚之境。可悲啊,你把心智都用在毫毛小事上,却不懂得至极空宁的境界。"

宋人有曹商者,为宋王使秦。其往也,得车数乘。王说之①,益车百乘。反于宋,见庄子,曰:"夫处穷闾厄巷②,困窘织屦,槁项黄馘者③,商之所短也;一悟万乘之主而从车百乘者,商之所长也。"庄子曰:"秦王有病召医。破痈溃痤者得车一乘,舐痔者得车五乘,所治愈下,得车愈多。子岂治其痔邪?何得车之多也?子行矣!"

①说:通"悦"。
②厄:即"阨",通"隘",窄小,狭隘。
③槁项黄馘(guó):形容面黄肌瘦的情形。馘,本指为计数报功而割下的敌人的左耳,这里指脸。

宋国有个叫曹商的人,被宋王派遣出使到秦国。他走时,宋王给了他几辆车,到秦国得到了秦王的喜爱,又给他增加了上百辆车。回到宋国后,曹商见到了庄子,对庄子说:"你身居贫穷狭窄的小巷,靠编草鞋过着极其穷困的日子,面黄肌瘦,脖子像枯木一样干瘪,这实在是我所比不上的。见了一下大国的君主,就得到随从车辆百馀乘,这是我曹商的优越之处。"庄子说:"秦王有病了,征召医生,能够使脓疮毒疖溃破的,可获得车一辆,能够舐舔他的痔疮的,可获得车五辆,所医治的病越卑下,获得的车就越多。您难道去给秦王舐舔痔疮了吗?怎么会获得这么多的车呢?您走吧!"

鲁哀公问乎颜阖曰:"吾以仲尼为贞干,国其有瘳乎①?"曰:"殆哉圾乎②!仲尼方且饰羽而画,从事华辞。以支为旨,忍性以视民,而不知不信。受乎心,宰乎神,夫何足以上民!彼宜女与?予颐与?误而可矣!今使民离实学伪,非所以视民也。为后世虑,不若休之。难治也!"施于人而不忘,非天布也③,商贾不齿。虽以事齿之,神者弗齿。为外刑者,金与木也;为内刑者,动与过也。宵人之离外刑者④,金木讯之⑤;离内刑者,阴阳食之。夫免乎外内之刑者,唯真人能之。

注释

①瘳(chōu):病愈。
②圾:通"岌",危。
③天布:自然而然的布施。
④宵:通"小"。离:通"罹"。
⑤讯:讯问,拷问。

鲁哀公问颜阖说:"我把仲尼当作栋梁之材,国家就能治理好了吗?"颜阖说:"危险极了!仲尼正热心于装扮雕饰,总说些华而不实的言辞。把细枝末节当做主旨,倡导人民克己忍性,却不知道这一点儿也不真实。心性和精神都被束缚扭曲,那怎么能够治理好人民呢!你用它来颐养天性,失误了后果也不严重。现在却用它来使人民远离了质朴,学会了矫伪,这可不是教化指引人民的办法。为后代考虑,不如放弃了这个打算。那是难以使天下太平的。"施惠于人却念念不忘,这不是出于自然本性的布施,商人都看不起这种行径。即使因某种原因不得不说起它,心里也是看不起的。作为对外形的惩罚,无非是金属和木制的刑具;作为对内心的惩罚,是心神不定和罪恶感。小人遭受外形的惩罚时,是用金属和木制的刑具拷打他;遭受内心的惩罚时,是阴阳交迭咬噬他。那能够免除了内心外形惩罚的,只有真人才能做到。

孔子曰:"凡人心险于山川,难于知天。天犹有春秋冬夏旦暮之期,人者厚貌深情。故有貌愿而益①,有长若不肖,有顺懁而达②,有坚而缦③,有缓而钎④。故其就义若渴者,其去义若热。故君子远使之而观其忠,近使之而观其敬,烦使之而观其能,卒然问焉而观其知,急与之期而观其信,委之以财而观其仁,告之以危而观其节,醉之以酒而观其则,杂之以处而观其色。九征至⑤,不肖人得矣。"

①愿:老实,谨慎。益:通"溢"。
②儇:通"环",这里意谓圆顺随和。
③缦:懦弱。
④钎(hàn):急躁。
⑤征:证验,考验。

孔子说:"人心险恶胜过山川,难测胜过老天。上天还有春秋冬夏早晚轮回的周期,人却伪装外表,不露内心,深不可测。所以,有的人外表看起来谦逊,内心却骄横;有的人貌似长者般严谨,其实品行不端;有的人看起来顺时圆滑,其实内心明达识理;有的人外表刚强,却内心懦弱;有的人表面缓慢,其实内心急躁。因而他们追随义理如渴人遇水一般急促;抛弃义理也如怕烫避火一样迅急。所以,要识别是否君子就要派他到远方,以考察他的忠实;让他到近旁,来观察他的谦恭;复杂的情况下派遣他去,以考察他的能力;突然发问,来考察他的才智;紧急相约,来考察他的信用;托付给他财货,来考察他的清廉;通知他危急境况,来考察他的节操;用酒劝醉他,以考察他的仪态;让他去男女混处的地方,以考验他的作风。在这九种考验下,谁是不肖的人自然就知道了。"

正考父一命而伛,再命而偻,三命而俯,循墙而走,孰敢不轨!如而夫者①,一命而吕钜②,再命而于车上儛③,三命而名诸父④。孰协唐许⑤?贼莫大乎德有心而心有睫,及其有睫也而内视,内视而败矣!凶德有五,中德为首。何谓中德?中德也者,有以自好也而吡其所不为者也⑥。穷有八极,达有三必,形有六府。美、髯、长、大、壮、丽、勇、敢,八者俱过人也,因以是穷;缘循、偃佒⑦、困畏不若人,三者俱通达;知慧外通,勇动多怨,仁义多责。达生之情者傀,达于知者肖,达大命者随,达小命者遭。

①而夫:谓凡夫。
②吕钜:形容挺腰气盛、骄傲自大的样子。
③儛:同"舞",舞蹈。
④名:称呼。动词。诸父:叔伯。

⑤唐许:唐尧、许由。
⑥吡(bǐ):訾,诋毁,排斥。
⑦偃佒:俯仰。佒,同"仰"。

(孔子的七世祖)正考父第一次被任命为士时,便开始弓着背;再被任命为大夫时,便弯着腰;第三次被任命为卿时,就俯着身子,顺着墙根快走。他都如此谦恭,谁还敢不约束自己。像一般人,第一次被任命,就会骄傲自大;再次被任命,则在车上手舞足蹈起来;第三次被任命,就要直接呼叫叔伯的名字了。谁能如唐尧、许由呢?再大的危害,都莫过于有心培养德性却心眼闭塞。他要是心眼闭塞就会主观办事,主观办事就会导致失败。凶德有五种,其中中德最为厉害。什么叫中德呢?中德,就是自以为是,并进而排斥自己所认为不是的。穷困潦倒有八种极端,富裕发达有三种必然,形体有六个脏腑。形美、多髯、修长、魁伟、健壮、华丽、勇猛、果敢,这八种都超过了他人,自恃骄傲导致穷困。顺应自然,谦恭顺从,懦弱而甘居人后,这三个方面都能够做到通达。智慧聪明而外露,勇猛多动则会结下许多怨恨,讲究仁义则会招来责难。通晓生命之真情就会胸襟开阔,通晓智能的就会心胸狭窄,通晓大命的随顺自然,通晓小命的也能随遇而安。

原文

　　人有见宋王者,锡车十乘①。以其十乘骄稚庄子②。庄子曰:"河上有家贫恃纬萧而食者③,其子没于渊,得千金之珠。其父谓其子曰:'取石来锻之!夫千金之珠,必在九重之渊而骊龙颔下④。子能得珠者,必遭其睡也。使骊龙而寤⑤,子尚奚微之有哉⑥!'今宋国之深,非直九重之渊也;宋王之猛,非直骊龙也。子能得车者,必遭其睡也;使宋王而寤,子为齑粉夫⑦。"

①锡:通"赐"。
②骄稚:骄矜。
③纬:编织,动词。萧:芦苇。
④骊龙:黑龙。
⑤使:假如。
⑥奚:何。微:些微。
⑦齑(jī)粉:齑粉,粉末。

　　有个人拜见宋王,宋王赏了他十辆车。凭着这十辆车,他向庄子炫耀。庄子说:

"河上有一家贫穷的靠编织芦苇来谋生的人,他的儿子潜入深渊,获得了一颗价值千金的宝珠。他父亲对儿子说:'拿石头来砸碎它。这价值千金的珠子,一定藏在九重深渊中的黑龙的下巴颏下边,你能够得到这珠子,一定是碰上黑龙正在睡觉。若黑龙醒来,你还能有些微残存吗!'现在宋国的深沉,不只是九重深渊的程度;宋王的凶狠,不只是黑龙的凶狠,你能够得到赏车,一定是遇上了宋王昏睡之时。假若宋王醒来,你就要变为粉末了。"

或聘于庄子,庄子应其使曰:"子见夫牺牛乎①?衣以文绣,食以刍叔②。及其牵而入于大庙,虽欲为孤犊,其可得乎!"

庄子将死,弟子欲厚葬之。庄子曰:"吾以天地为棺椁,以日月为连璧,星辰为珠玑,万物为赍送。吾葬具岂不备邪?何以加此!"弟子曰:"吾恐乌鸢之食夫子也。"庄子曰:"在上为乌鸢食,在下为蝼蚁食,夺彼与此,何其偏也。"以不平平,其平也不平;以不征征③,其征也不征。明者唯为之使,神者征之。夫明之不胜神也久矣,而愚者恃其所见入于人,其功外也,不亦悲乎!

①牺牛:祭祀用的纯色牛。
②刍叔:草和豆。
③征:验证,应验。

【译文】

有人要聘用庄子,庄子对他的使者说:"你看到过那养来用作祭祀的牛吗?披着彩绸,吃着草料豆类。等到它被牵入太庙,即使想作一头孤独的小牛,它还能够吗!"

庄子将要去世了,他的弟子准备厚葬他。庄子说:"我以天地来作棺椁,以日月来作连璧,以星辰来作珠玑,万物都是我的陪葬品。我的葬具难道还不齐备吗?何必要多加这些呢!"弟子们说:"我们怕乌鸦、老鹰啄食了您。"庄子说:"裸露在地上被乌鸦、老鹰吃,埋地下被蝼蚁吃,夺了乌鸦老鹰的给予蝼蚁,怎么这么偏心!"把不公平来当做公平的标准,那他的公平,自然就无法做到真正的公平了;把没应验的东西当做应验了的,那他的应验,也就不能算做应验了。被标榜明示的,只能是被外物役使的,只有神全不为所见的,才是真正应验的。那四处鼓吹标榜明示的不如神全的已经很久了,但愚蠢的人还凭着他的偏见来迷惑在人事中,他的功夫也只是些表面的东西,不也可悲吗!

◎附　录

庄周年表

前369年（周烈王七年、齐桓公七年、魏惠王二年、宋桓侯十二年）

庄周或生于此年前后。庄周，字子休，战国时宋国蒙（今河南商丘东北）人。

齐桓公时期，齐国曾"立稷下之官，设大夫之号，招致贤人而尊宠之。自孟轲之徒皆游于齐"（徐幹《中论》）。

司马迁《史记·老子韩非列传》曰：庄周与梁惠王、齐宣王同时。马叙伦《庄子年表》认为：《庄子》于魏文侯、武侯皆称谥（《田子方》《徐无鬼》），而于惠王初称其名（《则阳》），又称王（《逍遥游》《山木》）。是周之生，或在魏文侯、武侯之世，最晚当在惠王初年。

前361（周显王八年）

魏于四月迁都大梁。

前359年（周显王十年）

秦孝公用商鞅变法。

尹文、慎到、田骈或生于此年前后。

前358年（周显王十一年）

齐威王用邹忌变法。

前351年（周显王十八年）

韩昭侯用申不害变法。

前344年（周显王二十五年）

魏惠王称王，率诸侯朝见周显王。

庄周或于此年前后与惠施初见面。

《太平御览》引《庄子》佚文：惠子始与庄子相见而问焉。庄子曰："今日自以为见凤凰，而徒遭燕鹊耳。"坐者皆笑。

曹础基《庄子活动年表》案：据钱穆《先秦诸子系年》九三，惠施至魏当在惠王二十七八年马陵败后。不久相魏，庄子往见之。其初次相见必在惠王二十七八年前。

前342年（周显王二十七年）

齐败魏师于马陵，魏将庞涓死，魏太子申被俘。

前341年（周显王二十八年）

惠施相魏约在此年或稍后。庄周曾往见惠施。

《庄子·秋水》曰：惠子相梁，庄子往见之。或谓惠子曰："庄子来，欲代子相。"于是惠子恐，搜于国中三日三夜。庄子往见之，曰："南方有鸟，其名为鹓鶵，子知之乎？夫鹓鶵发于南海而飞于北海，非梧桐不止，非练实不食，非醴泉不饮。于是鸱得腐鼠，鹓鶵过之，仰而视之曰：'吓！'今子欲以子之梁国而吓我邪？"

《庄子·逍遥游》曰：惠子谓庄子曰："魏王贻我大瓠之种，我树之成而实五石。以盛水浆，其坚不能自举也。剖之以为瓢，则瓠落无所容。非不呺然大也，吾为其无用而掊之。"

前340年（周显王二十九年）

宋桓侯辟（璧）被废，其子子罕继位。庄周为漆园吏，或许在此前后。漆园，其地在今河南省商丘东北。

前339年（周显王三十年）

楚威王聘庄周为相，其事约当是年或稍后。其时庄周曾谏阻楚威王伐越。

焦竑《庄子翼》附录：庄周字子休，号南华子，显王三十年，楚聘为相，不就，隐濠上漆园。

司马迁《史记·老子韩非列传》：楚威王闻庄周贤，使使厚币迎之，许以为相。庄周笑谓楚使者曰："千金，重利；卿相，尊位也。子独不见郊祭之牺牛乎？养食之数岁，衣以文绣，以入大庙。当是之时，虽欲为孤豚，岂得乎！子亟去，无污我。我宁游戏污渎之中自快，无为有国者所羁。终身不仕，以快吾志焉。"

《庄子·列御寇》：或聘于庄子，庄子应其使曰："子见夫牺牛乎？衣以文绣，食以刍叔。及其牵而入于大庙，虽欲为孤豚，其可得乎！"

《庄子·秋水》：庄子钓于濮水。楚王使大夫二人往先焉，曰："愿以境内累矣！"庄子持竿不顾，曰："吾闻楚有神龟，死已三千岁矣。王巾笥而藏之庙堂之上。此龟者，宁其死为留骨而贵乎？宁其生而曳尾于涂中乎？"二大夫曰："宁生而曳尾涂中。"庄子曰："往矣！吾将曳尾于涂中。"

谏阻楚威王伐越之事，参见《韩非子·喻老》。

前338年（周显王三十一年）

商鞅被杀。

前337年（周显王三十二年）

申不害卒。

前336年（周显王三十三年）

孟轲至魏,其后游于齐。

前335年(周显王三十四年)

荀况约生于此年。

前334年(周显王三十五年)

魏惠王用惠施计,尊齐为王。庄周见魏王事当在此时或稍后。

《庄子·山木》:庄子衣大布而补之,正廪系履而过魏王。魏王曰:"何先生之惫邪?"庄子曰:"贫也,非惫也。士有道德不能行,惫也;衣弊履穿,贫也,非惫也,此所谓非遭时也。王独不见夫腾猿乎?其得柟梓豫章也,揽蔓其枝而王长其间,虽羿、蓬蒙不能眄睨也。及其得柘棘枳枸之间也,危行侧视,振动悼栗,此筋骨非有加急而不柔也,处势不便,未足以逞其能也。今处昏上乱相之间而欲无惫,奚可得邪?此比干之见剖心,征也夫!"

马叙伦《庄子年表》案曰:《释文》引司马彪曰:魏王,惠王也。依《秋水》篇惠子相梁,庄子往见之,则庄子或以是时见魏王,正惠王也。

前328年(周显王四十一年)

宋君偃自立为王。《列御寇》篇所谓"见宋王者"得车而炫耀于庄子事或即此时或稍后之事。

钱穆《先秦诸子系年》:《世家》云:"君偃十一年自立为王",则为周显王四十一年。

《庄子·列御寇》:人有见宋王者,锡车十乘。以其十乘骄稚庄子。庄子曰:"河上有家贫恃纬萧而食者,其子没于渊,得千金之珠。其父谓其子曰:'取石来锻之!夫千金之珠,必在九重之渊而骊龙颔下。子能得珠者,必遭其睡也。使骊龙而寤,子尚奚微之有哉!'今宋国之深,非直九重之渊也;宋王之猛,非直骊龙也。子能得车者,必遭其睡也;使宋王而寤,子为齑粉夫。"

前325年(周显王四十四年)

秦惠文君于此年四月自立为王。《列御寇》篇所谓曹商使秦得车后见庄子事当即此时或稍后之事。

《庄子·列御寇》:宋人有曹商者,为宋王使秦。其往也,得车数乘。王说之,益车百乘。反于宋,见庄子,曰:"夫处穷闾厄巷,困窘织屦,槁项黄馘者,商之所短也;一悟万乘之主而从车百乘者,商之所长也。"庄子曰:"秦王有病召医。破痈溃痤者得车一乘,舐痔者得车五乘,所治愈下,得车愈多。子岂治其痔邪?何得车之多也?子行矣!"

前324年(周显王四十五年)

魏惠王与齐威王会于平阿。

孟轲此后数年间游于宋、薛、滕、梁,见梁惠王等国君。

前323年(周显王四十六年)

魏、齐会于甄。

《庄子·则阳》：魏莹与田侯牟约，田侯牟背之，魏莹怒，将使人刺之。犀首闻而耻之，曰："君为万乘之君也，而以匹夫从仇。衍请受甲二十万，为君攻之，虏其人民，系其牛马，使其君内热发于背，然后拔其国。忌也出走，然后扶其背，折其脊。"季子闻而耻之，曰："筑十仞之城，城者既十仞矣，则又坏之，此胥靡之所苦也。今兵不起七年矣，此王之基也。衍，乱人，不可听也。"华子闻而丑之，曰："善言伐齐者，乱人也；善言勿伐者，亦乱人也；谓'伐之与不伐乱人也'者，又乱人也。"君曰："然则若何？"曰："君求其道而已矣。"惠子闻之，而见戴晋人。戴晋人曰："有所谓蜗者，君知之乎？"曰："然。"……曰："通达之中有魏，于魏中有梁，于梁中有王，王与蛮氏有辩乎？"君曰："无辩。"客出而君惝然若有亡也。客出，惠子见。君曰："客，大人也，圣人不足以当之。"惠子曰："夫吹管也，犹有嗃也；吹剑首者，吷而已矣。尧、舜，人之所誉也。道尧、舜于戴晋人之前，譬犹一吷也。"

曹础基《庄子活动年表》案：据《释文》引司马云，莹，魏惠王也。田侯，齐威王，名牟，桓公子。……前324年魏惠王与齐威王会于平阿，此年魏齐二王又会于甄，当有相约之事，时惠施任魏相，公孙衍任魏犀首。且《史记·田敬仲世家》载：威王三十五年(前322)田忌出奔。与《庄子》此文正合。

前322年(周显王四十七年)

魏逐惠施，用张仪为相。其后惠施在楚、宋数年，其与庄周濠梁之游或即此时之事。

《庄子·秋水》：庄子与惠子游于濠梁之上。

曹础基《庄子活动年表》案：成玄英疏："濠是水名，在淮南钟离郡，今见有庄子之墓，亦有庄惠遨游之所。"郦道元《水经注·淮水》谓钟离原为子国……《春秋》成公十五年杜预注亦谓"楚邑"。在今安徽凤阳县东北。濠水所经。惠施前一直在魏，后于前318年曾为外交事由魏使楚。其能与庄子悠闲从容论辩于濠梁之上，或即离官在楚宋的几年。

前321年(周显王四十八年)

荀况年十五，游学于齐。

前320年(周慎靓王元年)

公孙龙约于此年生。

前319年(周慎靓王二年)

孟轲不遇，自梁归齐。

齐、楚等支持公孙衍为魏相。惠施归魏。

《战国策·魏策》曰：将葬惠王，天大雨雪。群臣谏太子，莫能得，以告犀首。犀首曰："吾未有以言之也，是惟惠子乎？"惠子见太子，太子为弛葬期。

前318年(周慎靓王三年)

孟轲为齐卿。

惠施使楚。

《战国策·魏策》曰：五国伐秦，魏欲和，使惠施之楚。

前314年(周赧王元年)

齐宣王卒。其在位时期，齐稷下学宫复盛，邹衍、田骈、慎到等七十六人均为稷下先生。

惠施说赵伐齐存燕。

前312年(周赧王三年)

庄周妻死，惠施往吊。

《庄子·至乐》：庄子妻死，惠子吊之，庄子则方箕踞鼓盆而歌。惠子曰："与人居，长子、老、身死，不哭亦足矣，又鼓盆而歌，不亦甚乎！"庄子曰："不然。是其始死也，我独何能无概然！察其始而本无生；非徒无生也，而本无形；非徒无形也，而本无气。杂乎芒芴之间，变而有气，气变而有形，形变而有生。今又变而之死。是相与为春秋冬夏四时行也。人且偃然寝于巨室，而我噭噭然随而哭之，自以为不通乎命，故止也。"

前310年(周赧王五年)

孟轲与陈相交谈，主张"劳心者治人，劳力者治于人"。

惠施卒于此年或稍前。庄子无可与语者。

钱穆《先秦诸子系年》认为：惠施卒年，殆在魏襄王五年使赵后、魏襄九年田需卒前。

《说苑·说丛》：惠子卒而庄子深瞑不言，见世莫可与语也。

前300年(周赧王十五年)

庄子尝辞齐湣王之相位。

钱穆《先秦诸子系年》：以余推定，周盖历齐威、宣，梁惠、襄，晚年及齐湣魏昭也。陆德明《释文序》引李颐云，"庄子与湣王同时"，盖即指其晚年而言。……《古今乐录》："庄周齐人，湣王聘以相位，庄周谢。"亦言湣王时，而谓齐人则异说也。

前299年(周赧王十六年)

宋置太子为王，此即宋元君。庄子过惠施墓在其时之后。

《庄子·徐无鬼》：庄子送葬，过惠子之墓，顾谓从者曰："郢人垩慢其鼻端若蝇翼，使匠石斲之。匠石运斤成风，听而斲之，尽垩而鼻不伤，郢人立不失容。宋元君闻之,召匠石曰:'尝试为寡人为之。'匠石曰:'臣则尝能斫之。虽然,臣之质死久矣!'自夫子之死也,吾无以为质矣,吾无与言之矣!"

前295年(周赧王二十年)

孟轲退与万章之徒述孔子之志,作《孟子》。

前289年(周赧王二十六年)

孟轲约卒于此年。

前286年(周赧王二十九年)

尹文、宋钘约卒于此年。田骈、慎到、荀况等离齐。

庄周约卒于此年。

《庄子·列御寇》:庄子将死,弟子欲厚葬之。庄子曰:"吾以天地为棺椁,以日月为连璧,星辰为珠玑,万物为赍送。吾葬具岂不备邪?何以如此!"弟子曰:"吾恐乌鸢之食夫子也。"庄子曰:"在上为乌鸢食,在下为蝼蚁食,夺彼与此,何其偏也。"

马叙伦《庄子年表》、曹础基《庄子活动年表》均止于是年。

附注:本《年表》主要集众说而成,所采诸家主要有:曹础基《庄子活动年表》(《华南师范大学学报》1989年第3期)、马叙伦《庄子年表》(收入民国年间排印本《天马山房丛书·庄子义证》内)、钱穆《先秦诸子系年》(中华书局1986年1月版)及肖萐父与李锦全主编《中国哲学史》附录《中国哲学史大事年表》(人民出版社1983年10月版)。只为方便读者参考,实不敢掠美,故谨此说明,并致谢忱。

《庄子》名言警句

△且夫水之积也不厚,则其负大舟也无力。(第002页)

△至人无己,神人无功,圣人无名。(第005页)

△日月出矣,而爝火不息,其于光也,不亦难乎!时雨降矣,而犹浸灌,其于泽也,不亦劳乎!(第005页)

△鹪鹩巢于深林,不过一枝;偃鼠饮河,不过满腹。(第005页)

△庖人虽不治庖,尸祝不越樽俎而代之矣。(第005页)

△瞽者无以与乎文章之观,聋者无以与乎钟鼓之声。岂唯形骸有聋盲哉?(第006页)

——以上《逍遥游》

△天下莫大于秋毫之末,而太山为小;莫寿于殇子,而彭祖为夭。天地与我并生,而万物与我为一。(第014页)

△夫大道不称，大辩不言，大仁不仁，大廉不嗛，大勇不忮。（第015页）

△毛嫱丽姬，人之所美也；鱼见之深入，鸟见之高飞，麋鹿见之决骤，四者孰知天下之正色哉？（第017页）

△大泽焚而不能热，河汉冱而不能寒，疾雷破山而不能伤，飘风振海而不能惊。（第017页）

△不知周之梦为胡蝶与？胡蝶之梦为周与？（第021页）

——以上《齐物论》

△吾生也有涯，而知也无涯。以有涯随无涯，殆已！（第022页）

△彼节者有间，而刀刃者无厚。以无厚入有间，恢恢乎其于游刃必有馀地矣。（第023页）

△泽雉十步一啄，百步一饮，不蕲畜乎樊中。神虽王，不善也。（第024页）

△安时而处顺，哀乐不能入也，古者谓是帝之县解。（第024页）

——以上《养生主》

△自其异者视之，肝胆楚越也；自其同者视之，万物皆一也。（第039页）

△鉴明则尘垢不止，止则不明也。久与贤人处则无过。（第040页）

△所爱其母者，非爱其形也，爱使其形者也。（第044页）

△刖者之屦，无为爱之。（第044页）

△平者，水停之盛也。其可以为法也，内保之而外不荡也。（第045页）

——以上《德充符》

△古之真人，其寝不梦，其觉无忧。（第049页）

△鱼相忘乎江湖，人相忘乎道术。（第056页）

——以上《大宗师》

△无为名尸，无为谋府，无为事任，无为知主。（第066页）

△至人之用心若镜，不将不迎，应而不藏，故能胜物而不伤。（第066页）

——以上《应帝王》

△故合者不为骈而枝者不为跂；长者不为有馀，短者不为不足。是故凫胫虽短，续之则忧；鹤胫虽长，断之则悲。故性长非所断，性短非所续，无所去忧也。（第068页）

△夫小惑易方，大惑易性。（第070页）

△小人则以身殉利；士则以身殉名；大夫则以身殉家；圣人则以身殉天下。（第070页）

——以上《骈拇》

△彼窃钩者诛，窃国者为诸侯，诸侯之门而仁义存焉。（第075页）

△鱼不可脱于渊，国之利器不可以示人。（第076页）

——以上《胠箧》

△通于一而万事毕，无心得而鬼神服。（第086页）

△万物一府，死生同状。（第087页）

△德人者，居无思，行无虑，不藏是非美恶。（第093页）

△孝子不谀其亲，忠臣不谄其君，臣、子之盛也。（第094页）

△垂衣裳，设采色，动容貌，以媚一世，而不自谓道谀。（第095页）

△三人行而一人惑，所适者，犹可致也，惑者少也；二人惑则劳而不至，惑者胜也。而今也以天下惑，予虽有祈向，不可得也。（第095页）

△至言不出，俗言胜也。（第095页）

△厉之人，夜半生其子，遽取火而视之，汲汲然唯恐其似己也。（第095页）

————以上《天地》

△夫水行莫如用舟，而陆行莫如用车。以舟之可行于水也，而求推之于陆，则没世不行寻常。（第101页）

△亲权者，不能与人柄，操之则栗，舍之则悲，而一无所鉴，以窥其所不休者，是天之戮民也。（第103页）

△泉涸，鱼相与处于陆，相呴以湿，相濡以沫，不若相忘于江湖。（第104页）

————以上《天运》

△平易恬惔，则忧患不能入，邪气不能袭，故其德全而神不亏。（第108页）

△其生若浮，其死若休。不思虑，不豫谋。光矣而不耀，信矣而不期。其寝不梦，其觉无忧。其神纯粹，其魂不罢。虚无恬惔，乃合天德。（第108页）

△形劳而不休则弊，精用而不已则劳，劳则竭。水之性，不杂则清，莫动则平；郁闭而不流，亦不能清，天德之象也。（第108页）

————以上《刻意》

△今我睹子之难穷也，吾非至于子之门则殆矣，吾长见笑于大方之家。（第113页）

△井蛙不可以语于海者，拘于虚也；夏虫不可以语于冰者，笃于时也；曲士不可以语于道者，束于教也。（第113页）

△天下之水，莫大于海。万川归之，不知何时止而不盈；尾闾泄之，不知何时已而不虚；春秋不变，水旱不知。（第113页）

△知道者必达于理，达于理者必明于权，明于权者不以物害己。（第117页）

————以上《秋水》

△用志不分，乃凝于神。（第125页）

△以瓦注者巧，以钩注者惮，以黄金注者殙。其巧一也，而有所矜，则重外也。凡外重者内拙。（第126页）

△善养生者，若牧羊然，视其后者而鞭之。（第126页）

△人之所取畏者,衽席之上,饮食之间,而不知为之戒者,过也!(第126页)

——以上《达生》

△夫函车之兽,介而离山,则不免于网罟之患;吞舟之鱼,砀而失水,则蚁能苦之。故鸟兽不厌高,鱼鳖不厌深。(第133页)

——以上《庚桑楚》

△以德分人谓之圣;以财分人谓之贤。以贤临人,未有得人者也;以贤下人,未有不得人者也。(第143页)

——以上《徐无鬼》

△筌者所以在鱼,得鱼而忘筌;蹄者所以在兔,得兔而忘蹄;言者所以在意,得意而忘言。(第152页)

——以上《外物》

△巧者劳而知者忧,无能者无所求,饱食而敖游,泛若不系之舟,虚而敖游者也!(第158页)

△知道易,勿言难。知而不言,所以之天也。知而言之,所以之人也。(第160页)

——以上《列御寇》

《庄子》重要研究著述

1.《老子韩非列传》,汉·司马迁,《史记》卷六十三,见《二十五史》。
2.《庄子注·庄子注考逸》,晋·司马彪著,清·孙冯翼辑,见《问经堂丛书·逸子书》。
3.《庄子注》,晋·郭象,见《四库全书》子部道家类。
4.《庄子音义》,唐·陆德明,见《三子合刊》。
5.《南华真经注疏》,唐·成玄英,见《道藏·洞神部·玉诀类》。
6.《广成子》,宋·苏轼,见《稗乘》。
7.《南华真经新传》,宋·王雱,见《四库全书》子部道家类。
8.《庄子口义》,宋·林希逸,见《四库全书》子部道家类。
9.《南华真经义海纂微》,宋·褚伯秀,见《四库全书》子部道家类。
10.《南华真经章句音义》,宋·陈景元,见《指海》第十四集。
11.《庄子阙误》,宋·陈景元,见《金陵丛书甲集·庄子翼附》。
12.《南华真经直音》,宋·贾善翔,见《道藏举要》第二类。
13.《南华真经循本》,宋·罗勉道,见《道藏举要》第二类。
14.《庄子内篇订正》,元·吴澄,见《道藏举要》第二类。
15.《庄子翼》,明·焦竑,见《四库全书》子部道家类。
16.《庄子通义》,明·朱得之,见《三子通义》。

17.《庄子》,明·归有光辑评,见《诸子汇函》。
18.《庄子翼评点》,明·董懋策,见《董氏丛书》。
19.《南华真经影史》,明·周拱辰,见《周孟侯先生全书》。
20.《庄子杂志》,清·王念孙,见《读书杂志馀编上》。
21.《南华真经札记》,清·郭嵩焘,见《百子全书》道家类。
22.《逸庄子》,清·黄奭辑,见《汉学堂丛书·子史钩沉》子部道家类。
23.《司马彪庄子注》,清·黄奭辑,见《黄氏逸书考》。
24.《南华沘笔》,清·黄宗璠,见《金坛曹氏集》。
25.《读庄子法》,清·林云铭,见《昭代丛书》甲集第三帙。
26.《南华经传释》,清·周金然,见《艺海珠尘荜集》。
27.《南华经解》,清·宣颖,见《周氏师古堂所编书》。
28.《庄子解》,清·吴世尚,见《贵池先哲遗书》。
29.《庄子注》,清·王闿运,见《湘绮楼全书》。
30.《庄子集释》,清·郭庆藩,中华书局1961年版。
31.《庄子通》,清·王夫之,中华书局1962年版。
32.《庄子解》,清·王夫之,中华书局1964年版。
33.《庄子集解》,清·王先谦,中华书局1987年版。
34.《庄子章义》,清·姚鼐,见《惜抱轩遗书》。
35.《南华通》,清·屈复,见《青照堂丛书次编》第二函。
36.《庄子解》,清·吴峻,见《昭代丛书壬集补编》。
37.《南华沥滴萃》,清·马鲁,见《马氏丛刻》。
38.《读庄札记》,清·朱景昭,见《天梦轩遗书》。
39.《庄子约解》,清·刘鸿典,见《槐轩全书附》。
40.《庄子平议》,清·俞樾,见《春在堂全书·诸子平议》。
41.《庄子人名考》,清·俞樾,见《春在堂全书·俞楼杂纂》。
42.《庄子识小》,清·郭阶,见《春晖杂稿》。
43.《南华真经正义》,清·陈寿昌,见《老庄正义合编》。
44.《庄子点勘》,吴汝纶,见《桐城吴先生点勘诸子七种》。
45.《庄子解故》,章炳麟,见《章氏丛书》。
46.《庄子斠补》,刘师培,见《刘申叔先生遗书》。
47.《庄子集解补正》,胡怀琛,见《朴学斋丛书》第一集。
48.《庄子新笺》,高亨,见《诸子新笺》。
49.《庄子纂笺》,钱穆,香港东南印务出版社版。
50.《道家四子新编》,严灵峰,台湾商务印书馆版。

51.《庄子补正》,刘文典,商务印书馆1947年版。
52.《庄子校释》,王叔岷,商务印书馆1947年版。
53.《庄子今注今译》,陈鼓应,中华书局1983年版。
54.《庄子》,罗龙治,时报文化出版事业有限公司1981版。
55.《庄子浅注》,曹础基,中华书局1982年版。
56.《庄子新探》,张恒寿,湖北人民出版社1963年版。
57.《老庄研究》,陆永品,中州古籍出版社1984年版。
58.《庄子》,阎振益,中华书局1985年版。
59.《庄子引得》,哈佛燕京学社引得编纂处,上海古籍出版社1986年版。
60.《〈庄子〉研究》,《复旦学报》编辑部,复旦大学出版社1986年版。
61.《庄子释译》,欧阳景贤、欧阳超,湖北人民出版社1986年版。
62.《庄子故言》,朱季海,中华书局1987年版。
63.《定本庄子故》,马其昶,黄山书社1988年版。
64.《庄子发微》,钟泰,上海古籍出版社1988年版。
65.《庄子导读》,谢祥皓,巴蜀书社1988年版。
66.《庄子歧解》,崔大华,中州古籍出版社1988年版。
67.《庄子全译》,张耿光,贵州人民出版社1991年版。
68.《庄子译话》,杨柳桥,上海古籍出版社1991年版。
69.《庄子选译》,马美信,巴蜀书社1991年版。
70.《庄学研究》,崔大华,人民出版社1992年版。
71.《白话庄子》,范忠信、袁坚,中国广播电视出版社1992年版。
72.《老子研究 庄子学案 庄子哲学》,周谷城主编,王力等著,上海书店1992年版。
73.《庄子哲学及其演变》,刘笑敢,中国社会科学出版社1993年版。
74.《道教与诸子百家》,李养正,北京燕山出版社1993年版。
75.《庄子义证》,马叙伦,上海书店1996年版。
76.《庄子年表》,马叙伦,见《天马山房丛书》。
77.《庄子佚文》,马叙伦辑,见《天马山房丛书》。
78.《自事其心:重读庄子》,李牧恒等著,四川人民出版社1996年版。
79.《老庄新论》,陈鼓应,中华书局1997年版。
80.《庄子的智慧》,陈绍燕,河北人民出版社1997年版。
81.《中国道家》,陆玉林、彭永捷、李振纲,宗教文化出版社1998年版。
82.《庄子浅说》,陈鼓应,生活·读书·新知三联书店1998年版。

图书在版编目（CIP）数据

庄子/王岩峻，吉云译注．—2 版．—太原：三晋出版社，2008.4（2024.5 重印）
（中国家庭基本藏书·诸子百家卷）
ISBN 978 - 7 - 80598 - 913 - 6 - 01

Ⅰ．庄… Ⅱ．①王…②吉… Ⅲ．①道家②庄子—注释③庄子—译文 Ⅳ．B223.5

中国版本图书馆 CIP 数据核字（2008）第 051800 号

庄 子

译 注 者：王岩峻　吉 云			
责任编辑：李永明		审 订 者：郭平凡	
封面设计：敬人工作室		版式设计：敬人工作室	
责任校对：李永明		责任印制：李佳音	

出版发行：山西出版集团·三晋出版社
地　　址：太原市建设南路 21 号
电　　话：（0351）4956036（咨询）　　4922268（邮购）
传　　真：（0351）4922102
网　　址：www.sxskcb.com
邮　　编：030012

印刷装订：山西新华印业有限公司
（本书如有破损、缺页、装订错误，请与本社联系调换）

开　本：787mm×960mm　　1/16
字　数：190 千字
印　张：12
版　次：2008 年 4 月第 2 版
印　次：2024 年 5 月第 2 次印刷
书　号：ISBN 978 - 7 - 80598 - 913 - 6 - 01
定　价：46.00 元

版权所有，翻印必究。本书图文未经书面授权，不得以任何方式转载或公开发表。